LÉELOS Y
DESPLÚMALOS

**Un famoso especialista del FBI
desvela secretos decisivos para
el jugador de póquer**

Si este libro le ha interesado y desea que lo mantengamos informado de nuestras publicaciones, escríbanos indicándonos cuáles son los temas de su interés (Astrología, Autoayuda,
Esoterismo, Qigong, Naturismo, Espiritualidad, Terapias
Energéticas, Psicología práctica, Tradición...) y gustosamente
lo complaceremos.

Puede contactar con nosotros en
comunicación@editorialsirio.com

Título original: READ'EM AND REAP
Traducido del inglés por Luz Monteagudo
Diseño de portada: Editorial Sirio, S.A.

©   de la traducción
     Editorial Sirio S.A.

©   de la edición original
     2006 Joe Navarro y Marvin Karlins

     Publicado según acuerdo con Collins, un sello de HarperCollins Publishers

©   de la presente edición

EDITORIAL SIRIO, S.A.	EDITORIAL SIRIO	ED. SIRIO ARGENTINA
C/ Rosa de los Vientos, 64	Nirvana Libros S.A. de C.V.	C/ Paracas 59
Pol. Ind. El Viso	Camino a Minas, 501	1275- Capital Federal
29006-Málaga	Bodega nº 8,	Buenos Aires
España	Col. Lomas de Becerra	(Argentina)
	Del.: Alvaro Obregón	
	México D.F., 01280	

www.editorialsirio.com
E-Mail: sirio@editorialsirio.com

I.S.B.N.: 978-84-7808-764-8
Depósito Legal: B-15.426-2011

Impreso en los talleres gráficos de Romanya/Valls
Verdaguer 1, 08786-Capellades (Barcelona)

Printed in Spain

Joe Navarro y Marvin Karlins

LÉELOS Y
DESPLÚMALOS

Un famoso especialista del FBI
desvela secretos decisivos para
el jugador de póquer

editorial Sirio, s.a.

Dedicado a mi hija, Stephanie

Agradecimientos

Uno de los placeres de escribir un libro radica en conocer a personas especializadas y de mucho talento, y trabajar con ellas. Nuestro más sincero aprecio para Matthew Benjamin, nuestro editor en HarperCollins, que nos ofreció sus valiosos consejos y firme apoyo durante todas las fases del proyecto. Queremos dar las gracias a la editora ejecutiva Amy Vreeland y al corrector Jim Gullickson por haber detectado los errores de escritura y por hacer el texto definitivamente más legible. Jeff Goldenberg y Brandon Rosen, de Post Oak Productions, merecen un especial reconocimiento por haberse encargado de todo el proyecto. Deseamos agradecer también las aportaciones de Jim Lewis, Brian Balsbaugh y Andrew Feldman (Club de póquer ESPN), así como de los campeones de póquer profesional John Bonetti,

T. J. Cloutier, Annie Duke y Antonio Esfandiari. Las fotografías del interior del libro fueron tomadas por Sonny Sensor (www.sonnyphoto.com). Agradecemos la ayuda que hemos recibido de Paul Lord y su equipo de la sala de póquer del *Caesars Palace,* de Las Vegas, así como la del personal del hotel y casino Seminole Hard Rock, de Tampa: John Fontana, director; Russ Christianson, vicedirector del casino; Mary Lynn Babetski, encargada de publicidad; Gary Bitner, encargado de relaciones públicas, y todo el personal de la sala de póquer. También queremos agradecer la aportación de las personas que aparecen en las fotografías del libro: Soudara *Noi* Phrathep (crupier), y los jugadores Don Delitz, Amber Karlins, Robert Mercado y Richard Ollis. Os agradecemos todos los esfuerzos que habéis hecho por ayudarnos: ¡no podríamos haber hecho este libro sin vosotros!

Personalmente, quiero dar las gracias a mi familia y amigos, en especial al doctor Juan Ling, por su amistad durante tantos años, la cual influyó directamente en mi implicación en este proyecto. Mi gratitud también para el doctor David Givens, Marc Reeser, Elisabeth Barron y Joyce Jackiewicz, doctor en psicología, por sus valiosas aportaciones.

Prólogo

¡Las SEÑALES marcan la diferencia!

Por Phil Hellmuth júnior
diez veces campeón mundial de póquer

Cuando me siento a la mesa de póquer, juego una partida dentro de la partida: trato de adivinar exactamente cuáles son las dos cartas que sostiene mi oponente. Normalmente, puedo reducirlas a pocas posibilidades, y en las ocasiones en que he estado lo suficientemente seguro, me he aventurado a decirlo en voz alta. Entonces, cuando adivino cuál es la mano ganadora de mi oponente y éste descubre sus cartas, los demás jugadores se quedan alucinados y dicen: «¿Cómo demonios puede hacerlo?».

¿Cómo demonios lo hago? Esencialmente, leo a los jugadores; observo y descifro las señales, los comportamientos no verbales que revelan la fuerza de las cartas que sostienen. Resulta asombroso descubrir cuántos jugadores de póquer, incluso profesionales de primera categoría, no son conscientes de que las señales que emiten hacen sus cartas transparentes. Es como si dejaran sus cartas boca arriba y regalaran su dinero.

Recuerdo claramente cómo detecté una señal clave en un reconocido adversario contra quien jugué en el torneo mundial de póquer (World Series of Poker) de 1997, que terminé ganando. Cada vez que mi oponente estaba a punto de abandonar la mano, aproximaba sus fichas al bote antes de que llegara su turno. De esta manera, aunque tuviéramos las mismas probabilidades, si él contemplaba mi jugada y no estaba convencido de la suya, ponía sus fichas cerca del bote. En una mano, las tres primeras cartas comunitarias fueron A-9-8, y con un 7-5 como cartas cubiertas, no aposté. Él abrió con una apuesta de 14.000 dólares, y yo comencé a pensar qué quería hacer. Con 65.000 dólares que me quedaban en fichas y una jugada a la que le faltaba una carta para completar la escalera, era la típica situación para abandonar la mano. Pero, de repente, puso sus fichas cerca del bote y supe que debía apostar todas las fichas que me quedaban. Las aposté, él se retiró y yo continué hasta ganar mi quinto torneo WSOP.

En otro torneo, en el año 2001, y cuando ya solo quedaban dos mesas, observé que cada vez que el jugador que tenía a mi derecha subía la apuesta, se reclinaba en su silla si no tenía confianza en la jugada. Por el contrario, se inclinaba hacia delante cuando se sentía seguro. De modo que, cada vez que él se inclinaba hacia delante, yo me retiraba. Y cuando se reclinaba en su silla, atacaba (yo doblaba la apuesta y él abandonaba). Esto me permitió llegar a doblar mis fichas sin tener nada en la mano, y sin correr ningún riesgo. ¡Una simple señal en un oponente me permitió doblar mi cantidad de fichas!

Este tipo de experiencias me llevaron a formular la regla Hellmuth 70-30 para los torneos de póquer: el éxito en el juego depende en un 70% de leer al adversario y sólo en un 30% de leer las cartas, es decir, entender los aspectos matemáticos y teóricos del juego. ¡Las señales marcan totalmente la diferencia!

Esto me lleva a hablar de Joe Navarro, un hombre que interpreta las señales con tanto éxito que se ha ganado el apodo de *El detector de mentiras humano*. Me interesé por Joe desde que Annie Duke, compañera de profesión, me habló de él. Habían coincidido en un programa de televisión, y quedó impresionada con su habilidad para leer a las personas y saber si mentían o decían la verdad. Aproximadamente un año después, mis amigos de Camp Hellmuth, mi grupo de póquer (que en la actualidad se ha fusionado con la academia WSOP), me contaron que habían contratado a Joe para que impartiera un seminario sobre señales no verbales a los integrantes del grupo. ¡Poco sospechaba entonces que la charla de Joe recibiría más comentarios positivos y elogios que cualquier otra charla que allí hubiéramos ofrecido, incluyendo las mías! De hecho, T. J. Cloutier y yo tomamos tres páginas enteras de notas durante la disertación de Joe, que duró una hora, lo cual demuestra claramente la importancia que tenía para nosotros lo que nos contó. Más tarde, ambos manifestamos nuestro asombro por el hecho de haber tomado notas, puesto que ninguno de nosotros lo había hecho previamente en ningún seminario de póquer.

Joe me impresionó tanto que lo invité a participar en el proyecto iAmplify.com, en el cual intervino con grabaciones, de cinco a veinte minutos de duración, en formato MP3 y MP4 para iPods y teléfonos móviles, sobre las señales no verbales. Durante sus veinticinco años como agente especial del FBI, Joe estudió y utilizó los comportamientos no verbales para detectar engaños y resolver crímenes y casos de terrorismo internacional. Sus conocimientos están impregnados de la ciencia más vanguardista, aquella que puede ayudar a los jugadores de póquer y al gobierno de Estados Unidos a detectar y descifrar qué traman sus adversarios.

También se dedica a asesorar a los mejores jugadores de póquer del mundo. En estas sesiones individuales, les hace saber qué señales emiten, pero no revela estas señales a sus contrincantes. Yo he tenido la oportunidad de recibir una de sus sesiones de asesoramiento. Joe me había visto jugar en un torneo que emitieron por televisión y observó que exhibía una señal muy patente. Cada vez que iba de farol, me rodeaba el tronco con los brazos, como si me diera un abrazo reconfortante a mí mismo. Lo malo de esto fue que los demás jugadores de la mesa captaron esa señal no verbal y me vaciaron los bolsillos. Ese pequeño gesto terminó por costarme un cuarto de millón de dólares. ¡La buena noticia es que Joe me ayudó a reconocer esta señal y los autoabrazos se terminaron para siempre!

En este libro, Joe presenta de un modo científico una valiosa información que puede ser clave a la hora de ganar en el juego del póquer. Esta información nunca se ha dado a conocer antes, excepto en los seminarios de Camp Hellmuth. Lleva al póquer a un nuevo nivel y ofrece una opción a los jugadores: *pueden abrir el libro y leerlo, o convertirse ellos mismos en un libro abierto que otros puedan leer.*

Si T. J. Cloutier y yo hallamos en la charla de Joe tantos datos importantes como para llenar tres páginas de notas, imagina lo que sacarás tú de este libro. En estas páginas se te revela la información que necesitas para leer mejor a tus adversarios, mediante la observación de las señales que emiten, y ocultar las tuyas. Si eres realmente astuto, tal vez aprendas a emitir falsas señales de fuerza cuando en realidad estés en una posición débil, o de debilidad cuando tengas una buena mano. ¡Que comience el juego!

Y permíteme terminar con esto: apuesto a que la lectura de este libro te saldrá rentable desde el primer momento en que te sientes a la mesa de póquer. Buena suerte.

Prefacio

Conoce al hombre que cambiará la cara del PÓQUER y tu cara de póquer

Por Marvin Karlins

17 de abril de 1971. Todo sucedió demasiado deprisa aquel cálido día de primavera en Hialeah, Florida. Dos ladrones armados con sendos cuchillos salieron disparados de la parte trasera de los Almacenes Richard mientras el gerente pedía ayuda a gritos. Corrieron hacia la parte frontal del edificio, pues sabían que al otro lado de la puerta principal podrían desaparecer entre la muchedumbre que llenaba la calle. Un empleado de diecisiete años, que estudiaba el último curso de secundaria, les interceptó el paso al bloquear la salida por la que escapaban. La confrontación fue violenta y duró poco tiempo. En cuestión de segundos, el muchacho bloqueó a un asaltante y tiró al otro al suelo, aunque él también cayó y fue apuñalado tan gravemente que tuvieron que darle ciento ochenta puntos para cerrar la herida. Esta rápida intervención condujo a la detención de los dos asaltantes. Poco tiempo después, el joven recibió una carta del presidente de Estados Unidos en la que elogiaba su heroísmo a la hora de frustrar el robo.

• • • •

9 de julio de 1987. Se trataba de un caso de espionaje extremadamente complicado: un soldado americano había tratado de hacerse con un material altamente secreto. Un material que, según el representante del gobierno federal, provocaría un daño terrible a Estados Unidos y sus aliados. Cuando el hombre fue interrogado, los investigadores llegaron a la conclusión de que no actuaba solo. Aunque se mostraba dispuesto a hablar de su implicación en el caso, evitaba involucrar a quienes habían conspirado con él. Los intentos de apelar a su sentido del patriotismo y al hecho de haber puesto en peligro las vidas de millones de personas no dieron ningún resultado. La investigación se hallaba en un punto muerto. Finalmente, llamaron a un agente especial, un hombre que tenía una idea para obtener la información que tan urgentemente necesitaban. En primer lugar, se creó una lista con todos los posibles cómplices. Constaba de los nombres de los treinta y dos hombres que tenían acceso al material altamente secreto. Después, se escribió cada nombre en una cartulina de 8 por 13 cm. Finalmente mostraron al hombre todas las tarjetas, una a una, y le pidieron que contase, a grandes rasgos, lo que sabía de cada persona. Al agente especial no le preocupaban las respuestas del interrogado. En lugar de esto, observaba su rostro. Cuando el hombre vio dos nombres en particular, sus cejas se elevaron ligeramente y sus pupilas se contrajeron. Aquel agente especial, experto en lenguaje corporal, sabía que arquear las cejas significaba reconocimiento y la contracción de la pupila mostraba una respuesta de temor. Aquello era todo lo que necesitaba saber. Recogió todas las tarjetas y se marchó. Al día siguiente, regresó con dos fotografías de los hombres cuyos nombres habían hecho reaccionar al soldado, y le dijo:

—Háblame de este hombre y del otro.

El soldado puso los ojos como platos.

—¿Cómo lo averiguaste? —preguntó asombrado.

—¿Realmente crees que eres el único que coopera conmigo? —contestó el agente especial.

Llegados a ese punto, el soldado exclamó:

—¡Esos hijos de puta! —y vomitó la información.

Los tres hombres fueron declarados culpables de espionaje.

• • • •

14 de octubre de 2005. El observador se movió ligeramente en su silla para ver mejor los monitores de televisión y miró fijamente la emisión del torneo mundial de póquer (World Poker Tour) en la pantalla de alta definición. Unos minutos más tarde, recuperó un DVD del juego de la mesa finalista y vio una determinada jugada tres veces seguidas. Buscó un bolígrafo y anotó sus observaciones en un papel que había sobre su escritorio.

Una vez fuera de la sala de observación, se le acercó un escritor.

—¿Pudiste detectar alguna señal? —le preguntó éste.

El observador afirmó con la cabeza.

—Todos los jugadores que analicé emitieron señales no verbales que podrían emplearse para averiguar la validez de sus manos o sus intenciones.

El escritor estaba asombrado.

—¡Pero si eran profesionales! Pensaba que sólo los jugadores aficionados emiten señales.

—Pues no —insistió el observador—. He podido detectarlas en todos los torneos importantes que he analizado.

—¿En tipos, digamos, como Doyle Brunson?

—Sí.

—¿Phil Hellmuth?

—Vuelve atrás y lee el prólogo de este libro —bromeó.

—¿Y qué pasa con Chris Ferguson?

—Me resultó difícil leer a Chris—admitió—, pero al final detecté una señal importante.

El escritor se frotó la barbilla con la mano derecha.

—Ésa es una información extremadamente valiosa. Estoy seguro de que podrías obtener un montón de dinero si la vendieras.

—Podría —añadió el observador—. Sin embargo, no lo haré, porque no sería ético.

• • • •

Bienvenido al mundo de Joe Navarro, héroe adolescente, agente especial del FBI en contraespionaje y antiterrorismo recientemente retirado, y asesor de jugadores profesionales de póquer –y aspirantes a serlo– de todo el mundo.

Joe es de *los buenos*. De voz suave, inteligente, considerado y gentil... una especie de detective Joe Friday con personalidad. Es el tipo de persona de la que te sentirías orgulloso de tener en tu casa, el tipo de huésped al que te gustaría invitar una y otra vez para poder sentarte frente a él e intercambiar puntos de vista sentados a la mesa del comedor.

Pero será mejor que no lo invites a sentarse frente a ti a la mesa de póquer... o al menos no lo hagas hasta que hayas leído este libro, pues, de lo contrario, te encaminarías hacia la ruina por la vía rápida. Joe ha dedicado toda su vida profesional a estudiar, analizar y aplicar la ciencia del comportamiento no verbal para descifrar lo que piensas, lo que pretendes hacer y si tus afirmaciones son verdaderas o falsas. Ésta no es una buena noticia para sus contrincantes en el póquer, quienes, bajo su cuidadoso escrutinio, normalmente emiten suficientes señales no verbales como para que sus cartas y jugadas le resulten bastante transparentes.

Cuando conocí a Joe, le pregunté:

—¿Cómo es posible que un hombre que se ha dedicado, durante un cuarto de siglo, a desbaratar los planes de *los malos* para el FBI pueda haberse involucrado con una panda de jugadores de póquer? —Me parecía una extraña combinación.

—Sucedió por casualidad —me explicó—. En el año 2004, el canal Discovery me pidió que participara en un espectáculo llamado *More than Human*. La idea del programa era averiguar si la gente es superior a las máquinas a la hora de averiguar si alguien miente o dice la verdad. Los empleados del canal que crearon el argumento eligieron a tres individuos cuyas profesiones implicaban tener que detectar mentiras: un vidente que respondía al nombre de doctor Louis Turi, la campeona mundial de póquer Annie Duke y yo. Nos enfrentamos a tres máquinas diseñadas para lograr el mismo objetivo: un polígrafo, un analizador de la tensión de la voz y un aparato que medía la dilatación de la pupila. El desafío era ver quién podía averiguar con mayor precisión si un actor mentía o decía la verdad en veinticinco afirmaciones diferentes. Resultó que el doctor Turi acertó en menos de un 50%, mientras que Annie y yo supimos la respuesta correcta dieciocho veces de cada veinte; una precisión que, dicho sea de paso, superó a dos de las tres máquinas.

—¿Te sorprendió que Annie lo hiciera tan bien? —pregunté.

—Eso fue lo más interesante —exclamó Joe—. Mientras probaban nuestra habilidad para detectar mentiras, me di cuenta de que Annie se fijaba casi en las mismas cosas que yo. No empleaba los mismos términos para referirse a lo que veía, pero su capacidad para leer a la gente era muy precisa. Naturalmente, hablamos de ello. Annie es una mujer encantadora, divertida y extrovertida, agradable y llena de historias. Quienes la hayan visto jugar al póquer en televisión, donde se muestra tan centrada, probablemente se asombrarían al conocer su carácter tan sociable.

Mencioné que Annie había escrito un artículo en la revista *Bluff* en el que afirmaba que conocer a Joe fue «un punto de inflexión en mis partidas de *Hold'em* sin límite» y que, con la información adicional que le aportó sobre las señales no verbales, su forma de jugar mejoró significativamente.

Joe sonrió y devolvió el cumplido.

—Conocer a Annie Duke fue también un punto de inflexión para mí. Ella fue quien despertó mi interés por el póquer. A través de nuestras conversaciones me di cuenta de que las habilidades que había usado para «leer a los demás» y descubrir engaños durante mis veinticinco años en el FBI también se podían aplicar al póquer. Gracias a Annie, descubrí un nuevo campo en el que poder seguir estudiando el comportamiento humano y, al mismo tiempo, enseñar a jugadores de póquer a lograr un mayor éxito a través del reconocimiento de las señales de sus oponentes y la ocultación de las suyas.

Llevar las señales de póquer a otro nivel

Tras entrevistar a Joe y asistir a sus seminarios, creo firmemente que la información contenida en este libro revolucionará nuestra comprensión sobre los comportamientos no verbales en la mesa de juego. Puedo afirmar esto en calidad de psicólogo experto que se ha involucrado en este libro por el simple hecho de haberse asombrado por el éxito de Joe a la hora de hacer uso de conocimientos *científicos* con el objetivo de jugar al póquer con mayor efectividad. Éste es el primer libro sobre señales de póquer que está basado en hechos científicos más que en opiniones personales. También es el primer libro que hace uso de los conocimientos sobre el cerebro humano para desarrollar y crear unas poderosas tácticas de juego que nunca antes han sido reveladas.

Como participante de los principales torneos, también me ha impresionado el trabajo de Joe en el ámbito personal. Al seguir sus recomendaciones, me he convertido en un mejor jugador, en un contrincante más temible. A ti te sucederá lo mismo. Sus enseñanzas te permitirán detectar y descifrar una gran cantidad de señales hasta ahora desconocidas, algunas tan sutiles que sólo a través de este nuevo conocimiento podrás localizarlas en los demás, mientras, al mismo tiempo, haces lo necesario para eliminarlas de tu propio juego.

Gran parte de lo que Joe compartirá contigo en este libro no se conocía hace apenas quince años. Únicamente mediante los recientes avances en la tecnología del escáner cerebral y de las imágenes de las redes neuronales los científicos han podido establecer la validez de los comportamientos que Joe describirá en estas páginas. Basándose en los últimos descubrimientos en el campo de la psicología, la neurobiología, la medicina, la sociología, la antropología y la comunicación —además de sus veinticinco años de experiencia en la interpretación del comportamiento no verbal en su trabajo como agente especial del FBI—, Joe te ayudará a saber si ese tipo que dobla la apuesta tiene una escalera de color o va de farol. Además, descubrirás que las señales que aprenderás a identificar cuando juegues al póquer también te resultarán de utilidad en *todas* tus interacciones personales: una cita, ocuparte de tus hijos, causar buena impresión en una entrevista, comprar un coche o, incluso, decidir cuándo pedirle un aumento de sueldo a tu jefe.

Lo mejor de todo es que la información de este libro puede utilizarse durante toda la partida de póquer. En este sentido, los conocimientos de Joe son como dos ases cubiertos en una partida de *Hold'em,* con la diferencia de que, mientras esos dos ases sólo aparecen una vez cada doscientas veintiuna manos, estos conocimientos estarán a tu disposición en todas las jugadas.

Sabemos que sus consejos funcionan: los testimonios de muchos campeones mundiales de póquer lo confirman. También los jugadores de Camp Hellmuth, quienes reconocen utilizar las estrategias de Navarro para recuperar el coste de sus seminarios y mucho más en tan sólo unas horas de juego.

De modo que prepárate para entrar en el maravilloso nuevo mundo del póquer. Tu carta de admisión es una cuidadosa lectura de los capítulos que vienen a continuación, además de tu compromiso a dedicar tiempo y esfuerzo al aprendizaje y la aplicación de las enseñanzas de Joe. Estoy seguro de que comprobarás que esos esfuerzos merecen la pena. Recuerda que hay millones de jugadores que no han leído este libro o que no están dispuestos a realizar el esfuerzo necesario para poner en práctica lo que han aprendido. Eso te ofrece una ventaja tremenda. Toma conciencia de ello, y cuando observes a tus contrincantes al otro lado de la mesa... *¡léelos y desplúmalos!*

Puedes apostar a que así será.

Capítulo 1

Cómo convertirse en una seria amenaza en el PÓQUER

Doy por sentado que, cuando te incorporas a la mesa de póquer, deseas jugar lo mejor posible. Sea cual sea tu nivel, tanto si eres aficionado, profesional, principiante o un experimentado veterano, entiendo que te has comprado este libro porque quieres mejorar tu juego. Yo, a cambio, quiero que sepas que podrás usar lo que aprendas para lograr tu objetivo.

Voy a tratarte de la misma forma que trato a los agentes especiales del FBI que entreno: con un planteamiento sensato. Me tomo mi tarea muy en serio porque sé que lo que enseño puede marcar la diferencia entre la vida y la muerte en el trabajo de un agente. Para ti, como entusiasta del póquer, las consecuencias de no aprender o no poner en práctica lo que voy a enseñarte no pondrán tu vida en peligro, pero pueden ser desastrosas para tu economía. De modo que veamos qué podemos hacer para mantener saneadas tus cuentas bancarias.

Una lección en la Facultad de Medicina

Los estudiantes del primer año de medicina entraron en el anfiteatro para recibir la clase final de fisiología impartida por el doctor Patel. Se trataba del profesor de más edad de la universidad, con reputación de imponer una férrea disciplina, así que cuando llegó con su gastado maletín firmemente asido con la mano derecha, no se oía ni un susurro en el aula oval.

El doctor Patel subió a la tarima, extrajo de su maletín un vaso de precipitación con un líquido amarillo y lo puso sobre el atril.

—Hay un asunto del que quiero hablaros hoy —comenzó con un ligero tono de enfado—. He oído un rumor por aquí de que algunos de vosotros pensáis que trabajáis demasiado, que las tareas que os mando son complicadas y que tenéis que dedicarles muchas horas. —El profesor se calló y observó los rostros de los estudiantes sentados en los asientos de las gradas—. Bien, permitidme que os diga una cosa: no os imagináis lo fácil que lo tenéis. Cuando yo estaba en la Facultad de Medicina, trabajábamos tanto como vosotros, pero no disponíamos de las instalaciones ni de los laboratorios modernos que aquí tenéis y no valoráis. Por ejemplo, ¿cómo hacéis la prueba de la diabetes?

—Recogemos una muestra de orina y la enviamos a los laboratorios —respondió una alumna desde la tercera fila.

—De acuerdo. ¿Y después, qué?

La alumna se removió en su asiento y contestó:

—Leemos el informe del laboratorio y decidimos un tratamiento basándonos en los resultados.

—Exactamente —exclamó el profesor—. Pues bien, en mi época no teníamos esos fantásticos laboratorios ni centros de diagnóstico. En muchas ocasiones, teníamos que hacer las pruebas nosotros mismos, sin ayuda de nadie. Por ejemplo, ¿sabéis qué tenía que hacer para realizar una prueba de diabetes?

—No —dijo la alumna moviendo la cabeza.

—Os lo diré: probaba la muestra.

La mujer sacudió la cabeza con incredulidad.

—Es cierto —aseguró el profesor—. Si la muestra era dulce, el paciente tenía un problema.

Después, tomó el vaso de precipitación que contenía el líquido amarillo y continuó:

—Aquí tenéis una muestra de orina del laboratorio. Y ¿sabéis una cosa? No he perdido mis habilidades de diagnóstico.

Y dicho esto, los estudiantes observaron cómo sumergía un dedo en la orina y lo lamía después.

—¡Qué asco! —declaró una estudiante, cuya expresión facial recordaba a la de alguien que acaba de beber zumo de limón sin diluir.

Un buen número de reacciones similares en el aula indicaban que no era la única que sentía repulsión ante aquello.

—Bueno, al menos no tiene diabetes —dijo el profesor mientras se secaba la mano con un pañuelo que había sacado de su bata de laboratorio.

Pero aquello no pareció calmar el malestar de los estudiantes tras haber presenciado aquella forma de «diagnóstico». Comenzaron a hablar en susurros hasta que el doctor Patel los mandó callar.

—Me imagino que alguno de vosotros se preguntará por qué he hecho esta pequeña demostración —continuó tras dejar el vaso de nuevo sobre el atril—. En realidad, por dos razones. La primera es recordaros que los estudios de medicina nunca han sido fáciles, y, si no podéis soportar la presión, tal vez ahora sea un buen momento para dejarlos. Y ahora, como un último recordatorio de lo difícil que es formarse en medicina, quiero que cada uno de vosotros venga hasta aquí y haga exactamente lo que yo acabo de hacer. —El profesor dio unos ligeros golpecitos al vaso lleno de orina—. Quiero que «probéis» lo dura que puede ser la Facultad de Medicina.

Nadie se levantó de su asiento.

—Venga, no seáis tímidos.

Ni un solo alumno se movió.

—Bueno, entonces tendré que recurrir a mis dotes de persuasión. Necesitáis aprobar este curso para continuar vuestros estudios... así que si no hacéis lo que os digo, voy a suspenderos hasta que os echen de la facultad.

Esto funcionó. A regañadientes, lentamente y con manifiesta consternación, los estudiantes se acercaron a la tarima, mojaron el dedo en la orina, la probaron y salieron disparados al cuarto de baño antes de regresar a sus asientos.

Cuando todos terminaron, el profesor comenzó a hablar de nuevo:

—Así como la primera razón que os di para hacer esta pequeña demostración es muy importante, la segunda es incluso más relevante. —Hizo una pausa para guardar el vaso de precipitación en su maletín y dar mayor énfasis a sus palabras—. La segunda razón es para mostraros la importancia de la *observación* en vuestro trabajo como médicos. Algún día tal vez examinéis a un paciente que os dice una cosa, mientras que su lenguaje corporal os comunica otra muy diferente. Y si observáis bien, podréis percibir esta discrepancia y hacer un diagnóstico más completo y preciso. ¿Qué importancia tiene la observación? —continuó el doctor Patel con un atisbo de sonrisa para remarcar estas palabras finales—. Bien, si me hubierais observado con atención, os habríais dado cuenta de que mojé el dedo índice en la orina, ¡pero lamí el corazón!

La observación atenta: base de nuestra estrategia en el póquer

Sospecho que el doctor Patel es un personaje de ficción y que esta anécdota de la Facultad de Medicina no es más que una leyenda urbana. Sin embargo, la he incluido porque resalta un punto muy importante. El doctor Patel, si practicara lo que predica, sería un oponente formidable en el póquer.

Esto es así porque la observación —la observación a conciencia, intencionada— es absolutamente esencial para leer a la gente y detectar sus señales con éxito.

El problema es que la mayoría de las personas ven, pero no miran. Es decir, ven lo que las rodea con un esfuerzo mínimo de observación. No son conscientes de los cambios sutiles de su mundo. Es poco probable que perciban la riqueza de los detalles que los rodean, por no hablar de distinguir entre el dedo índice y el corazón mojados en orina... o el gesto de una mano, al otro lado de la mesa de póquer, que indica la fuerza o la debilidad de las cartas de un contrincante.

Estos individuos sin capacidad de observación carecen de lo que los pilotos denominan *conciencia situacional,* el sentido del lugar donde uno se halla en todo momento. No tienen una imagen mental precisa de aquello que los rodea. Diles que vayan a una sala llena de gente, déjalos que miren a su alrededor, y después pídeles que cierren los ojos e informen de lo que vieron. Te preguntarás cómo se las arreglan para desenvolverse sin un perro guía. Parecen estar ciegos a los acontecimientos de la vida.

- Mi mujer acaba de pedirme el divorcio. No tenía ni idea de que se sintiera así.
- Mi hijo lleva cinco años metido en las drogas. No tenía ni la menor idea.
- Discutía con ese tipo y, sin venir a cuento, me golpeó a traición. No lo vi venir.

- Ese jugador fue de farol hasta que abandoné la mano. ¿Cómo iba a adivinar que no tenía nada?

Éste es el tipo de afirmaciones que hacen aquellos que no han aprendido a observar con eficacia el mundo que tienen a su alrededor. Esta carencia no es sorprendente. Al fin y al cabo, mientras nos hacíamos adultos, nadie nos enseñó a observar. No hay asignaturas en la escuela ni en el instituto o universidad que enseñen observación. Si tienes suerte, aprendes tú mismo a observar el mundo. Si no es así, te pierdes una cantidad increíble de información valiosa que podría ayudarte a lograr tus objetivos en la vida.

No obstante, tengo buenas noticias: la observación es una habilidad que se puede aprender. Y es más, como es una habilidad, podemos mejorarla con el entrenamiento y la práctica adecuados. Y puesto que la observación es tan relevante en ciertas modalidades de póquer como el *Texas Hold'em*, es aquí donde debemos comenzar nuestro viaje para mejorar tu juego y llevarlo a un nuevo nivel en el que tu habilidad para detectar las señales de los demás (y ocultar las tuyas) aumentará tus probabilidades de ganar.

Sin embargo, este viaje tiene un precio. Tendrás que invertir tiempo y energía para llegar a tu destino. Si no estás dispuesto a hacerlo, jamás lograrás desarrollar todo tu potencial como jugador de póquer. De hecho, toda la información que contiene este libro sólo tendrá utilidad si la pones en práctica. Si juegas al póquer por dinero, creo que el precio merece la pena.

Aprender a observar con eficacia

Tu éxito a la hora de leer a la gente en la mesa de póquer depende de tu habilidad para observar su comportamiento con eficacia. A continuación, te ofrezco algunas claves que puedes tener en cuenta para convertirte en un mejor observador:

1. **Convierte la observación en un modo de vida.** La observación eficaz no es un acto pasivo, sino un comportamiento consciente y deliberado; algo que requiere esfuerzo, energía y concentración para lograrlo, y una *práctica continuada* para mantenerlo. La mejor forma de convertirse en un observador eficaz es observar el mundo *a conciencia* en todo momento. Por favor, no te engañes pensando que puedes desconectar la observación y reservarla para la mesa de póquer. Esto no funciona así. Debes comenzar a observar desde el momento en que te despiertas por la mañana y empiezas a interactuar con el mundo que te rodea. Y tienes que mantener tu actitud de observación hasta que te vayas a dormir por la noche. *La observación a conciencia ha de convertirse en un hábito para ti.* Una vez que te hayas entrenado para convertirte en un observador a tiempo completo en tu vida cotidiana, serás un observador más eficaz cuando estés sentado a la mesa de póquer. Tu observación será más natural, tendrás más práctica y no te sentirás abrumado por la gran cantidad de información que necesitarás procesar. Te sorprenderá lo mucho que advertirás cuando hayas desarrollado tus habilidades de observación a través de la práctica constante.

2. **No abandones tus hábitos de observación**. La observación, tanto si se trata de leer las señales no verbales en el póquer como de observar qué sucede a tu alrededor cuando vas por la calle, es una habilidad perecedera. Si dejas de usarla, se debilitará, se deteriorará y se atrofiará. Es muy similar a hablar un segundo idioma o practicar un determinado deporte: si dejas de practicarlo, tu capacidad disminuirá.

3. **Mejora tus habilidades (o mantén tu nivel) con juegos de observación**. Las habilidades de observación sólo mejoran, o permanecen a un alto nivel, con la práctica; y una de las mejores formas de practicar es *el juego de recordar*. Se puede jugar en cualquier momento, en cualquier lugar,

y tantas veces como se desee. Consiste en observar algo de tu vida cotidiana (por ejemplo, entrar en una habitación) y, después, con los ojos cerrados, tratar de recordar con todo detalle lo que has visto. Al principio, te parecerá difícil recordar demasiadas cosas. Pero, si continúas con este ejercicio, te asombrará descubrir lo mucho que mejorarás a la hora de reconstruir una imagen mental precisa del lugar donde has estado. No sólo recordaras los objetos más relevantes del lugar, sino que comenzarás a acordarte también de los detalles más insignificantes.

He practicado este tipo de juegos con tanta frecuencia que se ha convertido en algo automático e integrado en mi observación cotidiana de las cosas. He desarrollado el «músculo de la observación» hasta tal punto que, cuando visito a un amigo, en el momento que entro por la puerta de su casa ya tengo una imagen mental precisa de su vecindario: el tipo de vehículos estacionados en la calle, el hombre que corta el césped tres puertas más abajo, la casa con dos periódicos en la entrada, el poste de metal que sobresale de la zona con el césped más descuidado de la casa del vecino, o un solar al otro lado de la calle con un parche de césped de un verde especialmente intenso.

Tengo que admitir que siempre me ha fascinado saber qué es lo que me rodea, y que, por supuesto, me gano la vida con el estudio del comportamiento de los demás, de modo que mi debilidad por los juegos de observación probablemente sea mayor que la tuya. Sin embargo, creo que son una manera fantástica de desarrollar el poder visual, y también te ayudarán a medir tu progreso en tu camino hacia el dominio de la observación.

Un segundo tipo de juego particularmente útil para los jugadores de póquer es el de *qué te sugiere esta observación*. Una vez más, tratas de observar y recordar aquello que te rodea, pero, ahora, el desafío consiste en descubrir qué conocimiento puedes obtener de lo que has visto a tu alrededor.

En el ejemplo de la visita al vecindario que describí anteriormente, ¿qué conclusiones puedo sacar de lo que vi? El hombre que cortaba el césped probablemente viva en esa casa, puesto que no había ningún vehículo comercial de empresas de mantenimiento de césped aparcado en la calle; los dos periódicos en la calle sugieren que nadie ha estado en la casa durante los últimos dos o tres días; el poste de metal en medio de la zona con el césped más gastado era posiblemente el lugar donde el vecino tenía a su perro, y el parche de hierba más verde indica que el vecino tiene allí un sistema séptico.

En este juego resulta divertido comprobar si tus hipótesis han sido correctas. Sin embargo, incluso cuando no lo son, no por ello dejas de mejorar tus habilidades de observación, pues aprendes a prestar atención a lo que te rodea y, al mismo tiempo, trabajas para obtener más información de aquello que ves. Estos hábitos te resultarán de utilidad en la mesa de póquer a medida que aprendes a observar a tu oponente con más eficacia y a descifrar el significado de su comportamiento.

4. **Amplía tu campo de observación.** El ángulo de observación de algunas personas es muy limitado; ven sólo aquello que tienen justo delante de ellas, y eso coincide bastante con su campo de visión del mundo. Otros tienen un ángulo de visión más abierto y son capaces de ampliar el área que observan. Obviamente, cuanto más extenso sea tu campo de observación, mejor. Al tener un amplio ángulo de observación, aumentas tus posibilidades de percibir detalles que de otra forma te perderías, y, de ese modo, obtienes más información.

Puedes realizar el siguiente experimento. Estira los brazos, ponlos en cruz y gira las manos hacia dentro. Ahora, mueve los dedos. Si puedes verlos, éste es tu campo de visión. Si no puedes, desplaza lentamente los brazos hacia dentro hasta que los veas. Cuando llegues a ver los dedos, sabrás que ése es tu campo de visión potencial.

Cuando se trata de observar, mucha gente no aprovecha todo su campo de visión. Limitan su observación a aquello que tienen delante, en el centro de su campo visual, en lugar de ampliar éste para abarcar toda su área de visión. Aprende a extender tu campo visual: ¡la vida es mucho más que aquello que está delante de ti! Con la práctica, podrás mirar directamente al frente y desarrollar líneas visuales más amplias. Te asombrará lo mucho que puedes llegar a ver. Esto es particularmente útil cuando estás sentado a la mesa de póquer y quieres observar en detalle a tus contrincantes sin tener que girar constantemente la cabeza y moverte en tu asiento.

La observación eficaz en el póquer

El principal propósito de la observación en el póquer es reunir información: quieres saber todo lo posible de cada uno de los jugadores. Piensa en el póquer como si se tratara de una guerra, y el resto de los jugadores, tus enemigos. Quiero que reúnas información sobre cada uno de ellos porque, si tienes que enfrentarte a ellos en un combate de cartas, la victoria o a la derrota pueden depender del conocimiento que hayas acumulado.

Para realizar una buena recopilación de información, se necesita una capacidad de observación desarrollada que te permita detectar los movimientos del resto de los jugadores (de uno a nueve), a veces durante horas. En los siguientes capítulos, te mostraré las diferentes conductas que deberás observar. Reducir el abanico de comportamientos que necesitas observar, procesar y recordar te facilitará el trabajo. ¡Pero no lo hará más simple! Ni mucho menos. La realidad es que leer a la gente en la mesa de póquer es un trabajo extenuante, y cualquiera que lo haga de forma correcta se sentirá totalmente exhausto al final de la jornada.

¿Merece la pena? Decide tú mismo teniendo en cuenta que el 70% del éxito deriva de leer al contrincante y un 30% de leer las cartas. Simplemente recuerda que la mayoría de los jugadores ya saben cómo leer las cartas, es decir, conocen los aspectos matemáticos y técnicos del juego. Sin embargo, son muchos menos los que dominan la habilidad de leer a la gente. De forma que esto último no sólo es más importante que leer las cartas, sino que únicamente un pequeño número de jugadores puede hacerlo con eficacia. Eso te ofrece —si llegas a dominar la interpretación de la comunicación no verbal— una doble ventaja sobre la mayoría de tus adversarios.

En mis seminarios, me preguntan con frecuencia:

—Joe, ¿cuál es la mejor forma de observar en la mesa de póquer?

—Ésta es una buena pregunta, porque la observación inadecuada a veces puede plantear más inconvenientes que ventajas.

Te recomiendo que comiences a observar desde el momento en que te sientas a la mesa, incluso si la partida (o el torneo) todavía no ha comenzado. Cuando me siento, lo primero que hago es mirar a los jugadores con la intención de detectar alguna información que me pueda revelar sus señales o estilo de juego. En ocasiones, puede ocurrir que ya conozcas al jugador. Si sabes quién es, también sabrás algo acerca de cómo juega. Por ejemplo, Gus Hansen tiene fama de ser un jugador muy agresivo, y si estuviera sentado a tu mesa, ésa sería una información importante. También me fijo en cómo van vestidos. Si veo que llevan algún tipo de atuendo relacionado con el póquer, puedo llegar a la conclusión de que están más interesados en el juego y tienen más conocimientos sobre él que un hombre vestido con una camisa que lleva el nombre de su compañía de seguros bordado en el bolsillo. A este último tal vez le preguntaría si juega con frecuencia o si es su primer torneo. Tal vez me diga que es principiante; de nuevo, un dato importante. Trato de ver si puedo detectar el tipo de personalidad: extrovertida, introvertida, conservadora o tímida. Esto puede ofrecerme información sobre su estilo de juego. Quizá detecte que alguien responde al tipo obsesivo-compulsivo, con las fichas meticulosamente amontonadas y las cartas cuidadosamente protegidas. Esto sugiere que probablemente sea un jugador muy rígido y tenga unos patrones de juego predecibles.

También trato de detectar los *comportamientos base*: cómo se sientan, dónde colocan las manos, la posición de los pies, la postura que adoptan, la expresión facial o incluso, en el caso de que tomen chicle, la velocidad a la que lo mascan; cualquier cosa que me ayude a leerlos con mayor eficacia cuando comience el juego. Descubrir el comportamiento base de un jugador es clave, porque te permite saber cuándo se desvía de él, lo cual puede ser muy esclarecedor. Por ejemplo, si percibes en qué parte de la mesa colocan normalmente las manos, te hallas en una posición excelente para obtener una valiosa información si, durante una fase clave del juego, las mueven hacia delante o hacia atrás con respecto al lugar donde las ponen normalmente.

Una vez que se reparten las cartas, busco comportamientos específicos que representen señales significativas. Estos comportamientos se denominan *señales genéricas*, porque son comunes a la mayoría de los jugadores y, por lo general, las exhiben por las mismas razones. Por ejemplo, cuando un jugador protege excesivamente sus cartas o lanza las fichas hacia arriba sobre el bote, es probable que tenga una buena mano. Como mencioné anteriormente, describiré en los siguientes capítulos estas señales genéricas. También busco *señales idiosincrásicas*, que son únicas para cada individuo y pueden ayudarme a deducir la fuerza de sus cartas o sus intenciones. Por ejemplo, un jugador muy conocido usa la mano izquierda para sacar sus fichas si quiere igualar la apuesta y la derecha si planea subir.

Continuamente acumulo datos y busco *patrones de comportamiento*. Si ves que una persona mira sus cartas, se muerde los labios y, después, se retira cuando llega su turno, querrás saber si se trata de algo hecho al azar o de una señal fiable. Si lo hace una y otra vez bajo las mismas circunstancias, puedes asumir que se trata de una información valiosa que puedes utilizar, pues tienes en cuenta que *lo que mejor predice un comportamiento futuro es un comportamiento pasado*.

También me intereso por encontrar en mis adversarios *señales múltiples*, comportamientos no verbales que se producen al mismo tiempo o en sucesión. La precisión a la hora de leer a la gente mejora cuando te puedes basar en más de una señal. Es como un puzle: cuantas más piezas estén a tu disposición, más probabilidades tendrás de montarlo y resolverlo. Si veo que un jugador se muestra estresado e, inmediatamente después, exhibe un comportamiento apaciguador, puedo tener la seguridad de que tiene malas cartas. Analizar los dos comportamientos juntos nos permite hacer una lectura más precisa de sus cartas. De un modo similar, un jugador que se reclina en la silla, distanciándose de la mesa, puede indicarnos algo. Pero si a esa actitud le añadimos que coloca las manos detrás de la cabeza, significará algo totalmente diferente. Una vez más, la precisión de tu lectura mejorará cuando busques señales múltiples (lo que yo llamo *racimos de señales*).

En los momentos más significativos del juego (por ejemplo, justo cuando el adversario recibe y ve sus cartas), siempre busco los *microgestos*. En esas circunstancias, cuando más espontáneo y efímero sea el gesto, más auténtico suele ser. Si inmediatamente después de ver las tres primeras cartas comunitarias, un jugador junta rápidamente los dedos (un gesto que denota mucha seguridad) y, después, hace un gesto de escritura (un gesto de poca seguridad), me quedaría con la reacción inicial y asumiría que tiene una buena mano.

También es importante buscar los *cambios* en el comportamiento. La mayoría de los jugadores, cuando ven que alguien se mueve en su asiento inmediatamente después de que se haya repartido una carta comunitaria, suelen pensar que «seguro que está incómodo». Así se pierden la posibilidad de ver que el jugador que pasó de una postura desgarbada a sentarse totalmente recto en la silla exhibe una actitud de disposición (de estar a punto de involucrarse), la cual sugiere que, en ese momento, se siente muy bien con las cartas que tiene.

Detectar las *señales de colaboración* en un adversario también puede aumentar tu certeza sobre la valoración que haces de él. Si ves que un jugador hace una apuesta cuantiosa, y después adviertes que rodea las patas de la silla con las piernas, contiene la respiración, se mantiene muy calmado y sus manos adoptan una posición de rezo, puedes sospechar que va de farol. Literalmente, está paralizado por el miedo a ser descubierto.

Aprender a detectar *señales falsas o engañosas* también es muy importante. Se necesita práctica y experiencia para aprender a diferenciarlas de las auténticas. Te ayudaré a hacerlo cuando te muestre las sutiles diferencias que revelan si el comportamiento del jugador es sincero o no; de ese modo, aumentarán tus probabilidades de hacer una lectura precisa del jugador.

La *intensidad* de la señal también es un aspecto significativo a la hora de hacer una lectura precisa, y sólo puede detectarse mediante una atenta observación. Como veremos en el capítulo 10, una media sonrisa transmite una información totalmente diferente a la de una sonrisa completa.

Observar las señales en su *contexto* te ayudará a descifrar su significado. Si veo que las manos de un jugador comienzan a temblar inmediatamente después de haber visto sus dos cartas cubiertas o las tres primeras cartas comunitarias, asumo que tiene una mano fuerte, porque el temblor normalmente es una señal de entusiasmo asociada a las buenas cartas. Sin embargo, si el temblor de las manos no se produce como una reacción al reparto de las cartas, sino después de que el jugador haya apostado todas sus fichas, probablemente pensaría que se trata de un farol. La interpretación del temblor de manos dependerá del contexto en que se produzca.

Finalmente, necesitas observarte *a ti mismo*. Ésta es la mejor forma de asegurarte de que *ocultas y no revelas* señales que permitirían a tus adversarios hacer una lectura de ti. Aun en el caso de que con este libro sólo aprendieras a ocultar o disimular tus propias señales, estarías a años luz de la mayoría de los jugadores de póquer con los que puedes enfrentarte.

Cuando observes a tus contrincantes, debes evitar hacerlo descaradamente. A veces, lo único que veo son jugadores que se miran fijamente unos a otros. Este tipo de observación tan indiscreta no es recomendable. Si miras fijamente a un jugador y crees que así obtendrás una manifestación auténtica... bueno, simplemente no va a suceder así. Lo ideal, cuando estés en la mesa, es que observes a los demás sin que se den cuenta; debes ser discreto y sutil. Algunos viejos jugadores como Doyle Brunson y John Bonetti han aprendido muy bien a hacer esto. Se necesita paciencia y práctica, pero tú también puedes hacerlo. A medida que desarrolles tus habilidades de observación, acumularás información con más rapidez y de una forma más discreta, del mismo modo que un piloto experimentado de una compañía aérea puede revisar rápidamente los mandos de su cabina, mientras que, por el contrario, un primer oficial sin experiencia necesita más tiempo para realizar la misma tarea.

Si es posible, querrás observar a los jugadores mientras miran sus cartas y, dependiendo de la duración de la mano, sus reacciones ante otras cartas que se repartan. Percibir sus reacciones a otras acciones significativas (igualar, subir, doblar) también puede resultar de gran ayuda. Asimismo, querrás ser consciente de cómo reaccionan contigo –a tu juego y tus comentarios verbales.

Mientras se juega una mano, la percepción que un jugador tiene de su propia fuerza puede variar, y esto se refleja en los diferentes comportamientos no verbales. Si has registrado el comportamiento del jugador desde el comienzo de la mano, te encuentras en una posición privilegiada en la que puedes obtener información significativa, sobre las cartas que sostiene y sus intenciones, al recordar la secuencia de comportamientos que ha exhibido cuando se repartieron cartas adicionales.

Uno de los mejores momentos para observar al resto de los jugadores es cuando has abandonado la mano. De hecho, una buena regla práctica es observar todas las manos que se juegan, tanto si participas en ellas como si no. A veces es más fácil detectar señales significativas si no juegas la mano, porque puedes dedicar toda tu atención al resto de los jugadores sin la distracción de jugar tus cartas o la preocupación de que otros te observen. Algunos jugadores se disgustan cuando reciben unas cartas que los obligan a retirarse de la mano. Siempre digo: ¡no desaproveches la oportunidad de tener que retirarte! Aprovecha ese momento sin presiones para hacer una lectura de tus adversarios. Si tienes la suerte de retirarte cuando varios jugadores hacen sus apuestas, estás en un momento particularmente ventajoso para obtener información relevante sobre tus contrincantes. Cuando hay varios jugadores en acción, se producen más comportamientos que merecen la pena que observes y que, con suerte, podrás utilizar a tu favor en la siguiente mano.

Esto mismo también puede aplicarse a los torneos de póquer. A veces escucho a jugadores que se quejan de que no llegaron a hacer ninguna apuesta a pesar de haber durado dos días en el torneo. Suelo decirles:

—Eso es como ver el vaso medio vacío. ¿Por qué no intentas verlo medio lleno? Estuviste allí todas esas horas y tuviste la oportunidad de recopilar información sobre numerosos jugadores que podrá resultarte muy valiosa en el futuro.

En otras palabras, contempla las horas de torneo como un «tiempo aspiradora», una oportunidad de absorber tanta información como puedas para usar en próximos torneos. Además, ten en cuenta que esos dos días de torneo te dieron la magnífica oportunidad de mejorar tus habilidades para leer a la gente.

Descifrar y evaluar: señales de póquer al descubierto y evaluadas

Una vez que hayas aprendido a observar el comportamiento, el siguiente paso clave consiste en descifrarlo y evaluarlo para averiguar qué comportamientos revelan señales significativas y cuáles pueden ignorarse. El problema es que, para llegar a esa resolución, podrías necesitar toda una vida de observación. Y es más, podría ser una pérdida de tiempo colosal, puesto que yo ¡ya lo he hecho por ti! Gracias a mis veinticinco años de experiencia en el FBI y a décadas de estudio del comportamiento no verbal, he llegado a identificar los comportamientos específicos que producen las señales de póquer más fiables, y he analizado su valor en la mesa de póquer. Lo que deseo es que te centres en buscar esos comportamientos específicos en tus adversarios para que tu observación se vuelva más centrada y razonable. Mi trabajo consiste en describirlos en detalle para que puedas identificarlos fácilmente durante el juego. Me encargaré de ello en los próximos capítulos. Tu trabajo, por tanto, es observar atentamente a tus adversarios para que puedas detectar esos comportamientos no verbales cuando se produzcan. Una vez que te hayas entrenado para reconocerlos y puedas descifrarlos y evaluarlos basándote en la información de este libro, serás una poderosa fuerza que se ha de tener en cuenta siempre que haya unos naipes de por medio.

Estás a punto de aprender señales que nunca antes han sido reveladas en un libro de póquer. Algunas te sorprenderán. Por ejemplo, si tuvieras que decidir cuál es la parte más «sincera» del cuerpo —la parte que mejor revela las verdaderas intenciones de la persona—, ¿qué parte del cuerpo elegirías? Trata de adivinar. Cuando te revele la respuesta a esta pregunta, sabrás qué es lo primero que tienes que observar en tu adversario.

Responder y entrar en la base de datos

Una vez que hayas observado atentamente a tus contrincantes, y hayas descifrado y evaluado sus actuaciones, ya estás preparado para responder —hacer la jugada adecuada— según lo que has visto. Después, querrás saber si tu decisión ha sido correcta o acertada, es decir, si tu lectura de los demás jugadores ha sido precisa. Esto te proveerá de una información continuada sobre cómo se desarrolla tu juego y te ayudará a saber si necesitas hacer algún ajuste para mejorar tu capacidad de leer a la gente. También te dará información sobre el juego de tus contrincantes; una información que puede llegar a tener un valor inestimable si vuelves a jugar con ellos, tanto en la misma sesión como en una posterior.

Una buena forma de aumentar tus victorias y tu cuenta corriente es llevar una base de datos de tus oponentes. La mayoría de la gente no tiene memoria fotográfica, de modo que, si observas en los jugadores alguna señal genérica o idiosincrásica significativa, es importante que la anotes para no olvidarte de ella.

Te recomiendo que registres por escrito los nombres de los jugadores y los datos relevantes que hayas reunido sobre ellos. En el FBI, evaluábamos las operaciones con un parte posactuación. Te sugiero que hagas lo mismo al final de cada sesión de póquer. No te fíes de tu memoria para recordar qué jugador hizo tal o cual cosa; ponlo por escrito. Obviamente, cuanto más juegues con un determinado adversario, más detallados y valiosos serán los datos que tengas de él. Uno de los participantes de Camp Hellmuth, que jugaba todas las semanas contra los mismos adversarios, ganó una partida totalmente agresiva al detectar sus señales en sólo dos sesiones.

En la actualidad, con los torneos de póquer televisados, se puede reunir gratuitamente una información muy valiosa sobre los jugadores. No necesitas arriesgar tu dinero para jugar contra ellos; sólo tienes que encender la tele y observar la partida. Me encanta tratar de detectar las señales de los jugadores durante esas partidas televisadas. Es un desafío y una buena oportunidad de practicar la habilidad de leer a la gente. Resulta asombroso observar la cantidad de información valiosa que hay allí y las muchas señales —fácilmente aprovechables por cualquier contrincante alerta— que exhiben algunos profesionales (¡finalistas!). ¿Por qué no intentarlo? Siéntate, utiliza este libro como guía y trata de detectar las señales de cualquier jugador que salga en la televisión. Puesto que cuentas con la ventaja añadida de ver sus cartas, puedes averiguar con certeza cómo juegan sus manos, lo cual facilita mucho la identificación de las señales.

No subestimes el valor práctico de observar a los jugadores y tratar de leer sus comportamientos no verbales. Con el tiempo, a medida que practiques, te sorprenderás gratamente de lo fácil que resulta observar y descifrar los comportamientos. Y una última cosa: si detectas en la televisión algo que merezca la pena sobre un jugador determinado, no olvides apuntarlo en tu base de datos. ¿Quién sabe? En un futuro cercano, tal vez esa información pueda servirte cuando juegues contra él por una apuesta de un millón de dólares en una mesa finalista.

Recomendaciones finales antes de ganar

Si quieres convertirte en una seria amenaza en el juego del póquer, necesitarás leer a la gente con eficacia. Esto implica aprender a observar los comportamientos de tus contrincantes con eficacia y discreción, decodificar dentro del contexto sus acciones, incorporar ese conocimiento en tu estrategia de juego, y catalogar sus señales de forma que puedas analizar esa información cuando juegues con ellos en el futuro.

Desarrollar esas habilidades lleva tiempo; de modo que, para entrar en el mundo del póquer, te animo a que lo hagas en tres fases (especialmente si eres principiante):

1. Juega gratis al póquer en Internet hasta que te sientas cómodo con las reglas y juegues con desenvoltura. Durante esta etapa, aprende el aspecto matemático y técnico del juego (aprende a «leer las cartas»).

2. Juega pequeñas cantidades de dinero con tus amigos o pequeñas cantidades fijas o con un tope en casinos convencionales hasta que te sientas cómodo con el juego en vivo. Durante esta etapa, aprende a observar a los jugadores, descifra sus señales y lleva un registro de lo que descubres (aprende a «leer a los jugadores»).

3. Una vez que te sientas cómodo con el póquer en vivo y hayas alcanzado cierta habilidad a la hora de leer las cartas y a los jugadores, entonces, y sólo entonces, puedes barajar la idea de participar en apuestas más elevadas.

Hay algo que debes tener en cuenta. Es muy difícil detectar señales cuando gran parte de tu atención se centra en aprender el juego. Es como aprender a conducir. ¿Recuerdas la primera vez que lo intentaste? Si te pasó como a mí, estarías tan preocupado por dirigir el coche que te resultaría difícil concentrarte en él y en la carretera al mismo tiempo. Sólo cuando te sentiste cómodo al volante pudiste ampliar tu atención para abarcar todos los aspectos de la conducción. Lo mismo sucede con el póquer. Únicamente cuando dominas los mecanismos del juego y te sientes cómodo en la mesa, puedes liberar la energía mental necesaria para leer con eficacia las cartas y a los jugadores. A medida que te haces con el terreno, tal vez desees aprender más sobre las señales: no sólo cuáles son, sino también qué las provoca. De hecho, aprender a ver qué provoca las señales nos ayuda a manejarlas con más eficacia, de modo que dedicaremos el siguiente capítulo a hablar de este tema y, a partir de ahí, seguiremos avanzando.

Pensamientos de Phil sobre la importancia de la observación eficaz para ganar al póquer

En el póquer, la observación eficaz establece la diferencia entre los ganadores y los perdedores. Es así de simple. Y también establece la diferencia entre los buenos jugadores y los grandes jugadores. Cuando has desarrollado tu poder de observación hasta el punto de saber que la mano de un jugador es débil o fuerte, jugar es casi como robar. Es como si tu adversario jugara con las cartas boca arriba.

En el prólogo de este libro, mencioné lo mucho que me gusta tratar de adivinar las cartas de mi contrincante. La observación desempeña un papel clave en este proceso. Cuando un jugador ha realizado tres o cuatro acciones con la misma mano, ya hay mucha información disponible sobre él. ¿Cómo apostó antes de que salieran las cartas comunitarias? ¿Cuánto apostó y qué buscaba que hiciera su adversario en esa mano? ¿Parecía débil o fuerte? ¿Cómo exactamente? ¿Qué cartas tenía la última vez que actuó así? ¿Cómo alteraron su comportamiento las tres primeras cartas comunitarias? ¿Fingió algo que ahora puedo ver claramente? Y, por supuesto, las cartas sobre la mesa cuentan mucho en mis valoraciones.

Asegúrate de prestar atención a quienes están sentados a tu mesa para obtener información sobre su juego. Cuando reparten las cartas y tienen una buena mano, ¿pasan el turno en la ronda de apuestas con el objetivo de subir después (*check and raise*) o apuestan directamente? Trata de perfeccionar las lecturas que haces de tus contrincantes. El tipo de lecturas que presentaremos en este libro te permitirá actuar con eficacia contra tus adversarios y ponerles las cartas boca arriba.

Cuanto más practiques tus habilidades de observación, más maestría adquirirás como observador... hasta el punto en que llegarás a percibir señales o información que los demás, simplemente, no pueden ver. Considera, por ejemplo, un incidente que tuvo lugar durante el campeonato mundial de póquer (WSOP) del año 2000. Con dieciocho jugadores que quedaban en el *Big One*, la prueba del campeonato del mundo de 10.000 dólares, Hassan Habib, con más de 600.000 en fichas, subió la apuesta en 25.000 dólares con At-9t. Taso Lazarou igualó la apuesta con sus últimos 25.000 dólares con un A-6 de diferente palo. Las cartas se pusieron boca arriba y todos en la sala (al menos doscientas personas, entre quienes se encontraban varios organizadores del torneo y los nueve jugadores de la mesa) pudieron ver u oír que las cartas expuestas eran 5-8-K-5-J. Se comunicó que Taso quedaba eliminado y terminaba en el puesto 18. En ese momento, Taso se levantó de la mesa, se pusieron las cartas boca abajo, y Hassan recibió el total del dinero apostado en aquella mano.

Veinte segundos después (en este caso veinte segundos es mucho tiempo, especialmente para Hassan, que ya tenía las fichas en su montón), informé a Taso que en realidad se trataba de un empate. Éste regresó a su mesa, anunció que creía que se trataba de empate y el premio se repartió.

Obviamente, si no hubiera dicho nada, el torneo habría continuado con Taso de camino a casa en su coche. Pero cuando se giró la cuarta carta (5-8-K-5), me dije: «Si la siguiente es una figura, tendrán que compartir el premio». La quinta carta era una figura, una jota, y anuncié varias veces en voz alta que aquello era bote compartido. Sin embargo, en aquel momento, nadie me escuchó.

Lo relevante de todo esto es que, aunque ya no participaba en esa mano, todavía seguía en actitud de observación;

miraba el juego y anticipaba qué podría suceder en los diferentes escenarios de juego posibles. Eso me permitió advertir cosas que otros jugadores pasaron por alto. De modo que, cuando tu habilidad de observación te permita hacer esto con más frecuencia que tus adversarios, terminarás por convertirte en un ganador.

Este ejemplo que acabo de mencionar debería darte seguridad en lo referente a desarrollar tus habilidades de observación. El hecho de que cientos de expertos jugadores de póquer no se dieran cuenta del empate nos indica que, si te comprometes seriamente a convertirte en un observador eficaz, puedes, con toda probabilidad, llegar al nivel (o a un nivel superior) de muchos jugadores aficionados y profesionales en un tiempo razonable. No obstante, para ello, necesitas tres cosas: ¡práctica, práctica y más práctica!

Creo firmemente que los verdaderos campeones de póquer están dotados con un talento especial para la observación, que han perfeccionado con años de práctica y experiencia. Afortunadamente, existen muy pocos superobservadores (si fuera así, dominarían el mundo del póquer), pero para que te hagas una idea de lo que pueden llegar a hacer, piensa en la historia de Stuey Unger. En la década de los ochenta, Stuey estaba considerado el mejor jugador de *gin* póquer del mundo (de hecho, fue el mejor durante dos décadas), el mejor jugador de *Hold'em* sin límite (por entonces ya había ganado dos campeonatos mundiales, y ganaría pronto otro más) y también uno de los mejores jugadores de *backgammon* del mundo.

Durante los campeonatos WSOP de 1992, Stuey jugaba una partida de 600 a 1.200 dólares de cinco jugadores en la mesa 59, mientras Bobby Baldwin y *Chip* Reese jugaban al *gin* póquer en la mesa 60. De repente, Chip se dirigió a Stuey, que estaba en la otra mesa, y le dijo:

—¿Te gustó cómo jugué esa mano?

Stuey, que estaba ocupado con su propio juego en la mesa contigua, dijo:

—Yo me hubiera plantado en lugar de terminar esa jugada y habría tenido cinco puntos.

Chip le dio las gracias y puso los ojos en blanco.

Por supuesto, Chip sabía que Stuey tenía razón, puesto que era invencible al *gin* póquer. De hecho, era tan bueno que durante muchos años nadie quiso jugar contra él. Sin embargo, Chip no puso los ojos en blanco porque Stuey estuviera en lo cierto. Lo hizo porque casi no se podía creer que pudiera observar sus jugadas mientras, al mismo tiempo, se jugaba una importante suma de dinero en otra mesa. ¡Eso sí que es observación!

Capítulo 2

La base fisiológica de las SEÑALES: ¡no es algo tan obvio!

Tómate un momento y muérdete un labio. En serio, tómate un segundo y hazlo. Ahora, tócate la nariz. Finalmente, acaríciate la nuca. Hacemos este tipo de gestos todo el tiempo. Si te sientas a la mesa de póquer, verás que los jugadores hacen estos gestos de un modo frecuente.

¿Te has preguntado alguna vez por qué los hacen? ¿Te has preguntado por qué *tú* los haces? La respuesta a esta pregunta está escondida en una bóveda, *la bóveda craneal*, donde se encuentra el cerebro humano. Una vez que conozcas la respuesta, descubrirás por qué se producen las señales y cómo interpretarlas. Así que miremos con más detalle en el interior de esa bóveda y examinemos los 1.300 gramos más asombrosos del cuerpo humano.

Un cerebro sincero,
un cerebro que puede mentir

La mayoría de la gente cree que sólo tiene un cerebro. Sin embargo, en realidad, hay tres estructuras diferentes, o cerebros, dentro de nuestro cráneo. Cada uno está especializado en un determinado tipo de funciones, y juntos forman «el centro de mando y control» que regula todo lo que hace el cuerpo. En 1952, un científico vanguardista llamado Paul MacLean denominó «cerebro trino» al conjunto formado por estas tres diferentes estructuras, y habló del «cerebro reptiliano» –bulbo raquídeo–, el «cerebro mamífero» –sistema límbico– y el «cerebro humano» –neocórtex– (figura 1).

Todo comportamiento está controlado por el cerebro, y *ésta es la clave para comprender todo comportamiento no verbal.* Desde un tic nervioso hasta el acto de rascarse, no hay nada de lo que hagas que no esté controlado por el cerebro.

Afortunadamente, éste no es un libro de biología, de modo que me ahorraré una descripción detallada de las funciones de estos tres cerebros. De hecho, voy a ignorar por completo lo que hace uno de ellos (el reptiliano) y me referiré de pasada al otro (el humano), para centrarme en el llamado cerebro emocional

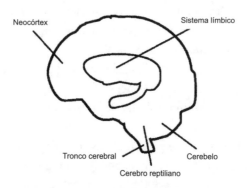

Figura 1. El cerebro humano y
sus principales elementos.

(cerebro mamífero) y su importante papel en el comportamiento no verbal.

En lo referente al póquer, hay dos cerebros que afectan a nuestro juego. Por un lado, tenemos el viejo cerebro mamífero, también llamado límbico, emocional o reactivo. Esta parte primitiva de nuestro cerebro, que compartimos con todos los mamíferos, nos ha servido para sobrevivir como especie durante millones de años. Su principal función es reaccionar ante aquello que oímos, vemos, percibimos o sentimos. Lo hace instantáneamente, a tiempo real, sin que medie ningún pensamiento. Y, precisamente por esa razón, emite una respuesta *sincera* ante la información que le llega del entorno.

También tenemos el *neocórtex*, un añadido relativamente reciente en la bóveda craneal. Conocido también con el nombre de cerebro pensante, intelectual, nuevo o, simplemente, cerebro humano, es el responsable de la cognición superior y la memoria. Es el cerebro que nos ha llevado a la luna, con su habilidad para recordar, calcular, analizar e intuir a un nivel exclusivo para la especie humana. Es también el cerebro que ayuda a los jugadores de póquer a «leer las cartas»: calcular la probabilidad de completar una mano, valorar las posibilidades, decidir si se retiran y comprender las reglas del juego. Puesto que tiene capacidad para el pensamiento complejo —al contrario que su equivalente límbico—, no siempre es sincero. De hecho, es el menos fiable de los tres, porque es un cerebro con capacidad para *mentir*. Mientras el cerebro límbico puede llevarnos a mirar de soslayo (inconscientemente) cuando pasamos cerca de una persona que nos resulta desagradable o cuando la cuarta carta comunitaria no nos es favorable, el córtex es muy capaz de mentir sobre los verdaderos sentimientos. El córtex, que gobierna el área de Brocca (la parte del cerebro relacionada con el habla), puede hacernos decir: «¡Me alegro de verte!» a una persona indeseable, aunque esto sea totalmente falso. O peor, desde el punto de vista del póquer, puede llevar a un jugador a decir: «Tengo la mejor jugada» a un contrincante inquisitivo, cuando, de hecho, sólo tiene una escalera menor.

Puesto que el neocórtex (el cerebro pensante) tiene capacidad para mentir, no es una buena fuente de señales fiables o precisas. Además, como es el centro de la actividad intelectual (leer las cartas), no es relevante para el tema que tratamos en este libro. (Quienes deseen desarrollar sus habilidades con las cartas tienen a su disposición muchas obras excelentes.) Como señalé anteriormente, según los expertos en póquer, sólo un 30% del juego depende de leer las cartas, mientras que un 70% depende de leer a los jugadores. Dado que las señales sinceras que nos ayudan a leer a la gente provienen del sistema límbico, es en él donde quiero que centres tu atención para obtener esa ventaja que te llevará a la victoria cuando te encuentres sentado a la mesa de póquer.

En busca de la realidad límbica

La belleza y manifiesta elegancia del sistema límbico radica en que reacciona al mundo exterior inmediatamente, sin necesidad de pensar o evaluar. Por ejemplo, cuando el sistema límbico ve una quinta carta comunitaria peligrosa que hace que nuestra escalera se vea amenazada por un *full*, nos hace adoptar cierto tipo de comportamientos comunes a todos los seres humanos cuando nos vemos repentinamente en una situación de peligro. Puesto que la función del sistema límbico no es razonar, sino reaccionar, sus respuestas suelen ser sinceras y revelan los verdaderos sentimientos de la persona.

El sistema límbico también funciona eficientemente cuando registra emociones positivas. El hecho de descubrir que entre tus cartas se encuentran dos ases provocará en el cerebro límbico un comportamiento de «falta de contención», propio de individuos que han visto algo muy favorable.

Para aquellos jugadores de póquer que deseen leer a sus oponentes con eficacia, el cerebro límbico es el Santo Grial de las señales, porque es el que revela con mayor claridad la verdad sobre las cartas que sostiene el jugador. Hace esto mediante comportamientos no verbales que pueden observarse y descifrarse a medida que se manifiestan físicamente en los pies, los brazos, las manos y el rostro. Y, al contrario que las palabras, estos gestos son auténticos. Además, estas reacciones están integradas en nuestro sistema nervioso, por lo que resulta difícil ocultarlas o eliminarlas —trata de reprimir una reacción de sobresalto cuando oyes de repente un ruido muy fuerte.

Una de las formas con las que el cerebro límbico ha asegurado la supervivencia de nuestra especie —y también produce un buen numero de señales de póquer fiables— es mediante la regulación de nuestro comportamiento cuando nos enfrentamos a un peligro, tanto si se trata de un hombre de la edad de piedra frente a un león cavernario como un jugador de nuestros días con una buena mano que se enfrenta a un experto.

Las tres reacciones que necesitas conocer para jugar al póquer

Posiblemente hayas oído o leído algo sobre *la reacción de lucha o huida*, que hace referencia al modo que tenemos de reaccionar cuando nos enfrentamos a una amenaza o una situación peligrosa. Lamentablemente, esta expresión sólo es acertada en dos terceras partes y está formulada al revés. En realidad, los seres vivos —también los humanos— reaccionan al peligro en este orden: paralización, huida y lucha.

La respuesta de paralización
Hace un millón de años, cuando los primeros homínidos atravesaron la sabana africana, se encontraron con depredadores

muy poderosos. Para que el hombre primitivo pudiera salir adelante, el cerebro límbico, que había evolucionado a partir de nuestros antepasados reptiles, desarrolló estrategias que compensaran la fuerte ventaja de estos depredadores. Esa estrategia, o primera respuesta del sistema límbico, era *paralizarse* en presencia de un depredador o una amenaza. El movimiento atrae la atención, de modo que, al quedarse inmóvil tras percibir la amenaza, el cerebro límbico aprendió a reaccionar del modo más eficaz posible para garantizar la supervivencia. Muchos animales —la mayoría de los depredadores— reaccionan a los movimientos; de modo que esta reacción de paralizarse ante el peligro es totalmente razonable.

La respuesta de paralización se ha transmitido desde el hombre primitivo hasta el de nuestros días, y permanece en nosotros como nuestra primera forma de defensa ante la percepción de una amenaza o peligro. Puedes observarla en algunas salas de Las Vegas, donde los grandes felinos forman parte del espectáculo. Cuando el león o el tigre entran en el escenario, puedes estar seguro de que la gente sentada en la primera fila no hace ningún gesto innecesario: todos están paralizados en sus asientos.

También puedes ver esa reacción en las mesas de póquer, particularmente cuando una persona va de farol. El jugador sabe que tiene una mala mano, y, si ha apostado una parte importante de sus fichas, esto se convierte en una situación amenazadora para él. Además, no quiere que sus contrincantes –los cuales, en este caso, son contemplados como depredadores que pueden atacar sus fichas– igualen o suban. De modo que ¿qué hacen? Se quedan paralizados. Reaccionan del mismo modo que hacían sus ancestros hace millones de años. Se paralizan porque se sienten amenazados y no desean que los descubran. No quieren hacer nada que llame la atención y provoque que un oponente (depredador) iguale su apuesta.

En el póquer, siempre asumo que cada vez que un jugador, de repente, se queda inmóvil o restringe sus movimientos, va de farol. En el FBI, cuando alguien se comporta de esa forma, decimos que tenemos un indicio. Hay una amenaza, han puesto sus fichas en el bote y ahora están totalmente rígidos como si se encontraran en un asiento eyectable, completamente inmóviles para no llamar la atención.

En el primer seminario de póquer de Camp Hellmuth, T. J. Cloutier comentó que suele detectar a quienes van de farol porque tienden a contener la respiración. Esto es parte de la reacción de paralización. Los animales de la selva lo hacen para reducir las probabilidades de que los observen. También lo veo en las pruebas del polígrafo: las personas que van a mentir dejan de respirar, y esto queda registrado en la máquina.

Quienes van de farol tienden a quedarse inmóviles; tratan de limitar cualquier tipo de comportamiento que pudiera aumentar la percepción de su presencia física. Muchos jugadores exhiben este comportamiento *farol-apuesta-paralización* durante toda su vida sin jamás llegar a ser conscientes de ello. Esto es así porque es el modo *normal* de actuar, acorde con las estrategias de supervivencia que han sido integradas en nuestros patrones de estímulo-respuesta durante millones de años.

El comportamiento de paralización está tan arraigado en nuestras reacciones a las situaciones de amenaza que muchos jugadores no pueden dejar de hacerlo, incluso cuando se les advierte que al paralizarse revelan sus faroles. Es como el fumador que no es consciente de que tiene un cigarrillo en la mano hasta que alguien se lo indica o se obliga a sí mismo a controlar constantemente su comportamiento.

No digo que dominar una reacción de paralización cuando se va de farol sea imposible. Simplemente, es difícil. De hecho, algunos de los lectores de este libro —y también ciertos jugadores astutos que han detectado por sí mismos este tipo de reacción— tratan de eliminarla. Puesto que contamos con un neocórtex, podemos invalidar las reacciones del sistema límbico si *pensamos* en ello. Sin embargo, a excepción de los actores profesionales, no muchos podrán lograrlo de un modo convincente. Con frecuencia, este tipo de encubrimiento resulta dolorosamente transparente... y con la práctica, podrás diferenciar con bastante éxito entre las señales *verdaderas* y *falsas*.

Considera el comportamiento del jugador de póquer que trata de disimular su respuesta de paralización. Su respuesta inmediata tras el farol es sincera, de paralización. Sin embargo, después pensará para sí mismo: «Será mejor que comience a comportarme como si todo fuera normal». Y esto va seguido de bromas y frases que actúan como tapadera de lo que realmente sucede. Cuando veo esto, me pregunto: «¿Cómo reaccionó inmediatamente después de hacer el farol?». Si fue una respuesta de paralización seguida de un despliegue de actividad, me fío de la reacción inicial, puesto que probablemente sea la que refleje la realidad con más sinceridad (sucedió antes de que el jugador tuviera ocasión de pensar en ello).

Los jugadores que tratan de disimular una respuesta de paralización exhiben con frecuencia indicios que delatan su intento de engaño. Si el jugador hace una apuesta y, después, se vuelve más hablador o animado de lo que es habitual en él, suelo convencerme de que va de farol. Esto es particularmente cierto cuando se trata de un jugador que, por lo general, se muestra muy silencioso o poco expresivo durante la partida. Si lo que dice parece forzado y sus movimientos resultan exagerados, también suelo sospechar.

Como la paralización está tan arraigada en nuestros patrones de respuesta a las amenazas, los jugadores con frecuencia son incapaces de controlar o cambiar los diferentes tipos de comportamientos asociados a la paralización. Normalmente, algunos pasan inadvertidos; sin embargo, son totalmente detectables para el observador competente. Por ejemplo, un jugador puede fingir una respuesta de «no paralización» moviendo la cabeza, los brazos o el torso... pero, bajo la mesa, los pies están firmemente inmovilizados alrededor de las patas de la silla (una respuesta de paralización). Cuando observo estos comportamientos contradictorios, suelo quedarme con los que parecen más sinceros (aquellos que están de acuerdo con la reacción límbica esperada y son más coherentes con la conducta habitual del jugador). Normalmente, éstas son las señales verdaderas.

La respuesta de huida

Como he dicho, uno de los objetivos de la respuesta de paralización es no ser percibido por los depredadores peligrosos. Un segundo objetivo es ofrecer al individuo amenazado la oportunidad de valorar la situación y decidir cuál es la mejor acción posible. Si la respuesta de paralización no es adecuada para eliminar el peligro, la segunda opción será escapar mediante la respuesta de huida. Tanto en presencia de un depredador como en la mesa de póquer —cada vez que presenciamos algo que no nos gusta—, nuestra reacción siempre será la misma: queremos escaparnos de allí. De este modo, en el póquer —y en la vida— identificamos la huida con la *distancia*.

Sin embargo, mientras que escapar de un león hambriento que te mira fijamente en el Serengeti es recomendable y juicioso, abandonar precipitadamente la mesa de póquer y echarse a correr cuando te enfrentas a un jugador profesional es poco práctico y no es recomendable (¡no trates de salir corriendo de un casino!). Pero no te preocupes. El sistema límbico ha desarrollado otras técnicas para ocuparse de las amenazas que no pasan por huir precipitadamente; unas técnicas que implican comportamientos más sutiles que aíslan o distancian a la persona de la amenaza percibida.

Si piensas en las interacciones sociales que has tenido a lo largo de tu vida, reconocerás que te acercas a quienes te resultan agradables y te distancias de aquellos que no te gustan tanto. Esto mismo también sucede en el póquer: te acercas más a la mesa (o a tus cartas o fichas) cuando tienes una buena mano, y te echas hacia atrás cuando tus cartas son malas o una buena mano se estropea (figuras 2 y 3). Éstas son manifestaciones modernas de la antigua respuesta de huida, más sutiles, pero no por ello menos reveladoras para la mirada observadora. Todavía lo hacemos porque durante millones de años nos hemos apartado de todo lo que no nos gusta: salimos de la sala, salimos de la vida de alguien o nos echamos hacia atrás. Tener malas cartas no es muy diferente; el cerebro dice: «¿Por qué tengo que continuar con los brazos sobre la mesa con esta porquería de cartas?». Y hará lo que siempre ha hecho para protegerte: apartarte.

Algo que puedes hacer cuando comiences una partida es fijarte dónde colocan habitualmente las manos o los brazos los otros jugadores (figura 4). Una vez que lo tengas claro, puedes usar las desviaciones de los movimientos de las manos y los brazos, con respecto a la posición habitual, como un criterio para evaluar la fuerza de las cartas de tus contrincantes. (Incluso si no sabes cuál es la posición normal de los brazos y las manos de un jugador, debes estar atento a cualquier movimiento de éstos, hacia la mesa o en dirección contraria a ella.)

Figura 2. Inclinarse hacia delante: probablemente una buena mano.

Figura 3. Echarse hacia atrás: una mano insignificante o de poco valor.

Figura 4. Posición normal de las manos sobre la mesa.

A veces, verás que un jugador exhibe un movimiento de retirada y acercamiento de los miembros superiores a la mesa durante la misma mano. Por ejemplo, puedes observar que mientras el jugador inspecciona sus cartas, sus brazos se mueven hacia delante sobre la mesa. Después, ve las cartas comunitarias y mueve los brazos hacia atrás, como una tortuga que se esconde en su caparazón. O tal vez deje las manos inmóviles cuando salen las tres primeras cartas públicas, y después las mueve hacia delante o hacia atrás con la cuarta o quinta. Puedes usar esta información, sola o combinada con otra señales, para obtener una lectura más precisa de las cartas que sostiene tu contrincante. Por ejemplo, adviertes que un jugador mueve los brazos hacia delante con respecto a su *posición base* (figura 5), después ve sus cartas (figura 6), luego las tres primeras cartas comunitarias (figura 7) y la cuarta carta comunitaria (figura 8). Con este comportamiento, puedes llegar a la conclusión de que se siente cada vez más satisfecho con cada nuevo movimiento.

¿Has observado alguna vez a un niño pequeño sentado a la mesa del comedor? El chiquillo, sin ningún tipo de guía u orientación, espontáneamente comunica sin palabras sus gustos y

Figura 5. Posición de las manos del jugador antes del reparto de cartas.

Figura 6. Después de haber visto sus cartas, las manos del jugador han ido ligeramente hacia delante, una indicación de que le gusta lo que ve.

Figura 7. Las manos se acercan más al centro de la mesa cuando las tres primeras cartas comunitarias aumentan su probabilidad de ganar.

Figura 8. Las manos continúan su movimiento hacia delante cuando una cuarta carta comunitaria favorable al jugador refuerza aún más sus probabilidades de llevarse el bote.

aversiones. Por ejemplo, cuando el torso del niño se contrae para distanciarse de la mesa y los pies apuntan hacia la salida más cercana, el mensaje está claro: quiere escaparse de la mesa, distanciarse de la amenaza de una comida que le parece desagradable.

Esto no es diferente en el póquer. Del mismo modo que el niño se aparta de la comida en la mesa, el jugador puede apartarse de unas cartas débiles o unas cartas comunitarias amenazantes. También es posible que se produzcan comportamientos de bloqueo: el jugador amenazado puede cerrar los ojos o frotárselos, o bien llevarse las manos a la cara. Puede aumentar la distancia que le separa de la mesa y alejar los pies, a veces apuntándolos en dirección a la salida más próxima. No son comportamientos de engaño, sino gestos que indican que la persona se siente amenazada por algún suceso que ocurre a su alrededor. Estos gestos no verbales de *distanciamiento* señalan que el jugador no está satisfecho con lo que sucede en el juego. Dependiendo de lo que ocurra, estas respuestas de huida podrían indicar un deseo de escapar de un jugador abusivo, una mala mano, o incluso la necesidad de ir al cuarto de baño. Para determinar la causa exacta que provoca ese comportamiento, necesitas tener en cuenta el momento y el contexto en que tiene lugar. Si el comportamiento de distanciamiento se produce inmediatamente después de que el jugador mira sus naipes o cuando sale en la mesa una determinada carta comunitaria, se podría deducir que al jugador no le gustan las cartas que ve. Puede indicar la existencia de una mano débil o vulnerable a causa de las cartas que hay sobre la mesa. No es probable que el jugador defienda esa mano, y lo más seguro es que la abandone, especialmente si el oponente sube la apuesta.

Recientemente vi en televisión el juego de una mesa finalista donde tuvo lugar lo siguiente: uno de los cinco jugadores finalistas miró sus cartas y acercó el torso a la mesa. Esta señal, que indica mucha confianza e intención, sugería dos cosas: le gustó lo que vio y, probablemente, se implicaría en la mano. De hecho, fue uno de los tres jugadores que apostaron. Inmediatamente después de ver las cartas comunitarias, se echó hacia atrás —es decir, se *distanció* de lo que observaba—. Básicamente, el cerebro límbico le dijo: «Retírate... Lo que tienes ante ti ya no es bueno, es peligroso». En términos evolutivos, una carta que puede hacer que el jugador pierda dinero es semejante a un depredador que puede provocarle daño físico, y suscitará una reacción de huida. Una vez hayas comprendido cómo funciona el cerebro límbico, te resultará muy fácil percibir las señales de los jugadores y descifrarlas, particularmente si consideras en qué medida cambia el comportamiento desde el comienzo de la mano hasta la aparición de las cartas comunitarias y tienes en cuenta el contexto en que se produce (inmediatamente después de que el jugador vea sus cartas).

Cuando el cerebro límbico adopta la posición de huida, nos hace actuar conforme a su estrategia básica: distanciarnos de aquello que es desagradable o peligroso, y acercarnos a lo que es agradable o gratificante. En la jugada televisada que acabo de describir, el jugador se distanció de la mesa porque las cartas comunitarias no le eran favorables; eran desagradables y representaban una amenaza para su economía. También puede producirse el comportamiento opuesto cuando se ve algo bueno en la mesa. Un jugador tiene un as y un diez de diamantes en la mano, y observa que las tres primeras cartas comunitarias son 4d-8d-Qd, de modo que hace color (*flush*). Su reacción es inmediata: el torso se inclina hacia delante y las manos avanzan sobre la mesa. Tal vez se concentre más en sus cartas y las rodee cuidadosamente con las manos, como un pájaro que cuida cada vez más los huevos ya maduros que están a punto de eclosionar. El jugador está tan emocionado con sus cartas que no es consciente de lo que transmite. Para el adversario observador, su comportamiento es como un letrero de neón que le dice: «¡Retírate! ¡Retírate! ¡Retírate!».

La respuesta de lucha

Cuando una persona se enfrenta al peligro y no puede evitar que lo descubran mediante la paralización o la huida, la única alternativa que le queda es luchar. En el póquer, la respuesta de lucha con frecuencia se presenta bajo la forma de agresividad —los jugadores discuten, intercambian insultos, se molestan unos a otros, se lanzan miradas despectivas e incluso invaden el territorio del adversario poniendo «sin querer» el codo o la taza en su parte de la mesa.

¿Por qué los jugadores entran en este juego de agresión e intimidación? Algunos lo hacen porque tienen cada vez menos fichas, han apostado más de lo que pueden permitirse o acaban de recibir un buen golpe. Otros lo hacen para que abandones tu juego. ¿Te acuerdas, cuando eras pequeño, de algún niño que para tratar de molestarte te hacía muecas en la escuela o en el patio de recreo? ¡Las cosas no han cambiado demasiado! El jugador agresivo también quiere molestarte, pero esta vez no quiere tu atención: quiere tu dinero.

A veces un jugador actúa agresivamente hacia un oponente porque desea disuadirlo de que apueste. Para ello, con frecuencia mirará ferozmente al jugador cuando a éste le llega su turno de actuar (figura 9). Según sean las circunstancias, esa mirada podría ser una *señal dirigida* que animará al jugador astuto a hacer exactamente lo contrario de lo que el intimidador desea: una señal para continuar y apostar, incluso para subir la apuesta. Se necesita observar al jugador durante muchas manos para saber si su mirada hostil es, de hecho, una forma de evitar que el otro jugador apueste o tan sólo un intento de intimidar a los adversarios. Como regla general, cuanto más frecuente sea este tipo de mirada agresiva en un determinado jugador, mayor es la probabilidad de que represente su estilo de juego. Cuanto más selectiva sea esta mirada, mayor es la probabilidad de que se trate de una señal significativa que merece la pena considerar mientras reflexionas sobre cómo jugar tu mano.

En general, aconsejo tanto a los profesionales del póquer como a los aficionados que eviten el juego agresivo. Puesto que la respuesta de lucha es el último recurso a la hora de enfrentarnos

Figura 9. Mirada fija y agresiva para intimidar: ¡evítala!

a una amenaza —y se utiliza únicamente cuando las respuestas de paralización y huida no han dado resultado—, también debe evitarse en el juego siempre que sea posible. Reserva tu energía mental para leer las cartas y a los jugadores en lugar de adoptar poses amenazantes y sacar pecho.

La razón de este consejo es que el juego agresivo puede conducir a la confusión emocional y dificultar la concentración y la posibilidad de hacer el mejor juego posible. Cuando estamos emocionalmente agitados, nuestra actividad nerviosa se desvía y no podemos concentrarnos completamente. Tengo una teoría sobre esto: una razón por la que las mujeres tienen tanto éxito en los torneos de póquer (terminan en las mesas finalistas en mayor proporción que los hombres con respecto al número de inscripciones) es que no adoptan tantos comportamientos agresivos como sus homólogos masculinos. Mientras los hombres se agotan con batallas de testosterona en las que gruñen, se miran fijamente y se pierden en juegos mentales, las mujeres ahorran sus energías para jugar al póquer, mantienen la calma y usan su poder mental para llevarse el bote en lugar de intimidar a los otros jugadores.

En Estados Unidos, por convencionalismo social, podemos mirar a otra persona durante 1,18 segundos antes de que nuestra mirada pueda ser interpretada como una amenaza o insinuación. Si tratas de jugar tu mejor partida de póquer y te encuentras con un jugador que intenta intimidarte con una mirada hostil u otra forma de agresión, ¿qué debes hacer?

Ignóralo. Por lo general, esa persona centrará su energía en cualquier otra cosa. Si no lo hace, evita el contacto visual con él siempre que sea posible. Hagas lo que hagas, no entables una batalla de miradas; eso sería entrar en su juego y destruir el tuyo. Si es necesario, puedes ponerte gafas de sol. Eso suele disuadirlos de mirarte fijamente, porque, al no saber hacia dónde diriges tu mirada, no pueden obtener demasiada información (por ejemplo, si su mirada fija te desestabiliza o no).

Continuando con el tema de la agresión visual, me gustaría advertir a las mujeres que ellas, también, pueden convertirse en un blanco de intimidación en el póquer por parte de algunos hombres, que para tratar de trastocar su juego, le mirarán fijamente los pechos, pues asumen, a veces acertadamente, que eso hará que se sienta incómoda y violenta, y la eficacia de su juego y su concentración se verán alteradas (figura 10). Al igual que en el caso de la mirada agresiva entre hombres, no hay mucho que se pueda hacer. Ignorar a ese tipo de jugadores y su comportamiento grosero probablemente sea la mejor defensa. Normalmente, una vez que se dan cuenta de que este comportamiento tan desagradable no funciona, centran su atención, y su mirada, en otra parte.

Algunos jugadores agresivos, para tratar de desconcertarte, pondrán algún objeto (copa, taza), o alguna parte su cuerpo, en tu parte de la mesa. Si hacen esto, pídeles educadamente que se aparten o que retiren su bebida de tu territorio de juego (figuras

Figura 10. Intimidación a una mujer mirándole a los pechos.

Figura 11. Intimidación a través de invasión territorial, en este caso con una taza.

Figura 12. Intimidación con el cuerpo; posición de codos normal.

Figura 13. Intimidar a los jugadores con los codos.

11, 12 y 13). Si no acceden a hacerlo, tienes todo el derecho de llamar al encargado, tanto si esto sucede en un torneo como en un casino, y presentar una queja.

No permitas que esta conducta de acoso te afecte. Si lo consiguen, habrán obtenido una ventaja sobre ti, y probablemente ganen la mano.

Los comentarios ofensivos —insultos, burlas y palabras desafiantes— son otra forma de comportamiento agresivo utilizado para confundir a los jugadores e intentar echar abajo su juego. En ocasiones, el comportamiento verbal no es abusivo, sino, más bien, una forma de acercamiento utilizada por jugadores astutos para hacerse una idea de la fuerza de tus cartas. He visto usar esta táctica a Phil Hellmuth y obtener con ella una buena ventaja en numerosas ocasiones. En un torneo, Phil preguntó a un jugador que acababa de subir la apuesta:

—¿Qué tienes ahí?

El hombre miró hacia abajo sumisamente y se mordió el labio (una señal de poca seguridad combinada con una acción apaciguadora, normalmente indicativa de un farol). Phil le pilló; de hecho, se trataba de un farol. El desafío verbal de Phil fue suficiente para desarmar a su adversario. En otra ocasión, le hizo a su contrincante la misma pregunta, y la respuesta que obtuvo fue:

—Tengo una buena mano.

El problema fue que, cuando este jugador contestó, su voz se quebró, una típica señal verbal de poca confianza. Este comportamiento verbal le dio a Phil la señal que necesitaba para saber que su adversario iba de farol.

Tanto si un jugador hace comentarios verbales ofensivos para hacer peligrar la efectividad de tu juego como si te pregunta algo para valorar la fuerza de tu mano, tu respuesta siempre debe ser la misma: *ignora sus comentarios y permanece en silencio*. No te enredes en luchas verbales ni reveles señales a través de tus palabras. Parafraseando el título de una vieja película de submarinos, «juega en silencio, juega intensamente». Y, puesto que he mencionado los barcos, recuerda el viejo refrán de la Segunda Guerra Mundial: «Las lenguas sueltas hunden barcos». ¡En el póquer, las lenguas sueltas pueden hundir tus fichas! Por supuesto, este estilo tan poco comunicativo no te convertirá en la persona más popular o agradable de la mesa. Por lo tanto, no es un estilo que recomiende para jugar con los amigos en las pequeñas partidas de póquer en la parte trasera tu casa. Pero cuando hay mucho dinero en juego, cuando juegas al póquer de verdad, debes estar más callado que un ratón de iglesia en la biblioteca de un colegio.

Cuando juegues al póquer de alto nivel, no debes sentirte obligado a ser sociable ni a mostrarte hablador. Ocultar tus señales es más importante que ganar popularidad cuando estás rodeado de jugadores expertos y hay mucho dinero en juego. Annie Duke es un buen ejemplo de este tipo de comportamiento. Cuando no está sentada a la mesa de póquer, es habladora, sociable y divertida, pero cuando juega es toda seriedad. No está ahí para hacer amigos y conversar, sino para hacer su trabajo de una manera sensata. Ésa es una de las razones de su continuado éxito en los principales torneos de póquer de todo el mundo.

Una nota final sobre nuestro legado límbico

En este capítulo hemos aprendido que todo comportamiento está gobernado por el cerebro. Hemos examinado el «cerebro pensante» o neocórtex, y el «cerebro emocional» o sistema límbico. Ambos ejecutan importantes funciones, pero, para nuestro propósito, el sistema límbico es clave porque es *el cerebro más sincero* y el responsable de las señales más significativas que se producen en el póquer.

Para comprender cómo funciona el sistema límbico, hemos analizado las tres funciones de supervivencia clave y los comportamientos que llevan asociados, y que necesitas conocer y comprender para jugar al póquer con eficacia.

Paralización = control excesivo, restricción, inmovilidad

Huida = distanciamiento, comportamiento de aislamiento, muecas

Lucha = juego agresivo, intimidación, falta de respeto

Hay un aspecto de nuestro legado límbico que todavía no he mencionado. El grado de intensidad de nuestra respuesta límbica está determinado en parte por la importancia con que se ha percibido el estímulo. Si vamos de excursión por un parque nacional y nos encontramos con un gato extraviado, nuestra agitación límbica será mínima. El animal no representa una amenaza o un peligro. Si, por otra parte, nos encontramos frente a un león salvaje, nuestros mecanismos primitivos de supervivencia se pondrán en marcha y nuestro cerebro límbico nos hará paralizarnos y, después, si es necesario, huir o luchar.

Esto mismo también sucede en el póquer. Si juegas en tu casa con apuestas de 25 céntimos, tus respuestas límbicas serán minúsculas. Perder 10 o 15 dólares no es suficientemente relevante como para que el cerebro emocional intervenga. Sin embargo, en las partidas importantes que comportan grandes cantidades de dinero (especialmente en los torneos, donde entran en juego millones de dólares), puedes ver respuestas límbicas significativas y las señales que producen. En cierto sentido, cuanto más importante es el juego, mayores son las señales... y cuanto mayores son las señales, mayores son también las ganancias que puedes obtener si sabes leer a la gente.

¿Es tan fácil detectar las señales?

Ésta es una de las preguntas que me hacen con más frecuencia en mis seminarios sobre señales de póquer. La respuesta es sí y no. Una vez que hayas leído este libro, algunas señales destacarán para ti (literalmente, gritarán para llamar tu atención). Ésta es la razón por la que muchos participantes de Camp Hellmuth, tras recibir una hora de formación, van a las mesas de póquer del casino y ganan importantes cantidades de dinero. Pueden detectar esas señales más sencillas y sacar partido de ello. Por el contrario, hay muchas otras señales que son más sutiles y para las que necesitarás esa *observación atenta* de la que he hablado en el capítulo anterior a fin de detectarlas y descifrarlas. Presentaré y examinaré esas señales en los siguientes capítulos.

¿Y si no quiero tener que esforzarme para leer a la gente con eficacia?

La respuesta más simple es que no te irá tan bien en el póquer. Sin embargo, hay algo que sí puedes hacer para mejorar tu juego. Si decides que convertirte en un experto en leer a las personas requiere demasiado trabajo, déjame pedirte algo: por favor, no abandones todavía la lectura. Lee el siguiente capítulo. Una vez que lo hayas terminado, puedes cerrar el libro para siempre y continuar con tu vida. ¡Pero lee antes el siguiente capítulo! Sólo con que aprendas lo que contienen esas páginas lograrás reducir significativamente tus pérdidas en el póquer porque nadie podrá aprovecharse de tus señales no verbales para quitarte tu dinero. Y lo mejor de todo es que lo que te pediré que hagas no es muy difícil.

Capítulo 3

Aprende a ocultar, ¡no a revelar!

En el póquer, los comportamientos no verbales (señales) pueden repercutir en tu economía de dos formas:

1. Puedes *hacer* dinero mediante el uso de las señales de tus contrincantes para jugar con más eficacia contra ellos.
2. Puedes *ahorrar* dinero al impedir que tus adversarios usen tus señales para jugar con más eficacia contra ti.

Esto nos lleva al «axioma de Navarro»: para ahorrar dinero, aprende a ocultar y a no revelar. Incluso si eres un mal lector de las señales de los demás y no aprendes nada de este libro excepto lo que contiene este capítulo, podrás conservar muchas más fichas si aprendes a ocultar la mayoría de tus señales (cuantas más, mejor) a los jugadores de la mesa. ¡Cuanto menos reveles, más tiburones se quedarán sin su comida!

Para lograr el objetivo de este capítulo, tengo que insistir en la importancia de ocultar las señales y convencerte de que debes hacer todo lo necesario para ocultar bien. Esto es así porque algunos de vosotros creéis en alguna de estas concepciones erróneas:

1. *Ocultar las señales no es tan importante, ya que la mayoría de la gente no las busca.* Puesto que se derivan muchas ventajas de leer a la gente, a diferencia de leer las cartas, puedes estar seguro de que en el póquer se hacen muchos esfuerzos por escudriñar las señales. Por otra parte, entre los jugadores de póquer, hay cada vez más conciencia sobre el importante papel de las señales en el juego. Al hablar con jugadores de todos los niveles se observa casi unanimidad sobre la necesidad de detectar señales en el juego —y la popularidad de este tema en los seminarios de póquer indica su buena disposición para aprender más sobre las señales de sus adversarios.

2. *Incluso en el caso de que los jugadores buscaran las señales, el hecho de descubrirlas no te da el tipo de información que te ayuda a ganar más dinero en el póquer.* Quienes piensan así son sabrosos bocados al final de la cadena alimentaria del juego. Olvídate de los tiburones del póquer; estos individuos son presas fáciles hasta de los pececillos, es decir, de personas que empiezan a jugar al póquer con serias intenciones de ganar. Ésta es la razón por la que los participantes de los seminarios de Camp Hellmuth, tras recibir sólo una hora de formación sobre percepción de señales, son capaces de ganar miles de dólares en las mesas de Las Vegas en cuestión de horas. Quienes no se esfuerzan por ocultar sus señales, ya puestos, podrían regalar su dinero, porque son firmes candidatos a sufrir una grave hemorragia económica.

3. *Muchos jugadores no emiten señales, así que no hay necesidad de ocultarlas.* Éste es un pensamiento peligroso, porque

quienes piensan que no emiten señales no van a trabajar para eliminarlas. El hecho es que todos tenemos señales. Todos: profesionales, *amateurs*, principiantes, veteranos... Nadie está desprovisto de ellas, aunque algunos jugadores transmiten más que otros. Con el esfuerzo adecuado, todos podemos emitir menos señales de las que emitimos.

Dicho esto, espero que estés dispuesto a ocultar cualquier señal que puedas revelar en el póquer. Enseguida te daré una técnica para hacerlo. Es importante que recuerdes que, incluso si no puedes ocultar todas tus señales, cualquier disminución en su número —particularmente de las más obvias— te ahorrará dinero a largo plazo.

Adoptar un estilo robótico en tu imagen en la mesa de póquer

Imagina un brazo robótico en una planta de montaje de automóviles. Día tras día, mes tras mes, año tras año, hace siempre lo mismo de la misma forma. Su actuación es una representación magistral de una repetición incesante, un comportamiento que nunca cambia, una acción que se produce una y otra vez. Un observador que mirara esta máquina se aburriría rápidamente. No pasaría mucho tiempo antes de que pensara que ya ha visto lo suficiente y desviara su atención a otro asunto.

¡Eso es exactamente lo que queremos provocar cuando estamos en la mesa de póquer! Quiero enseñarte una rutina sumamente teatral y repetitiva, orientada a ocultar información, para presentarte y manejar tus cartas en la mesa. Si puedes adoptarla, obtendrás dos tremendas ventajas:

1. Minimizarás el número de señales que emites en la mesa.

2. Puesto que tu comportamiento es repetitivo y no varía, los otros jugadores pronto se cansarán de mirarte y centrarán su atención en otra parte para observar a jugadores más interesantes.

De modo que lo que necesitas hacer a la hora de manejar tus cartas y apuestas es adoptar un estilo robótico (automático y repetitivo), que sea uniforme y oculte tus comportamientos no verbales. Tendrás que volverte tan repetitivo como para poder pasar desapercibido ante el radar del interés humano. La gente se cansará de mirarte porque no habrá nada que pueda detectar en ti, puesto que nada cambiará, y lo que ven en un momento determinado ya lo han visto antes. Además, este tipo de comportamiento rígido y repetitivo, te ayudará mucho a eliminar señales que podrían emerger fácilmente si tu conducta en la mesa fuera más flexible.

A través de las fotografías de las siguientes páginas, te facilito una metodología para manejar tus cartas y mantener una postura adecuada en la mesa. Estudia las fotos y las descripciones. Después, practica jugando de esa forma. Si puedes mantener esa conducta durante el juego, resultarás muy difícil de leer y, finalmente, te convertirás en una persona poco interesante en la mesa de póquer... *Exactamente* lo que deseas.

Una guía para consolidar tu imagen en la mesa de póquer

1. Cuando te sientes a la mesa, tómate un tiempo para acomodarte en la silla. Debes adoptar una postura cómoda y una distancia con la mesa que te resulte fácil de mantener durante un largo periodo de tiempo. Tu meta será conservar tu postura y posición con las mínimas variaciones posibles (figura 14).

Figura 14. Encuentra y adopta una posición cómoda.

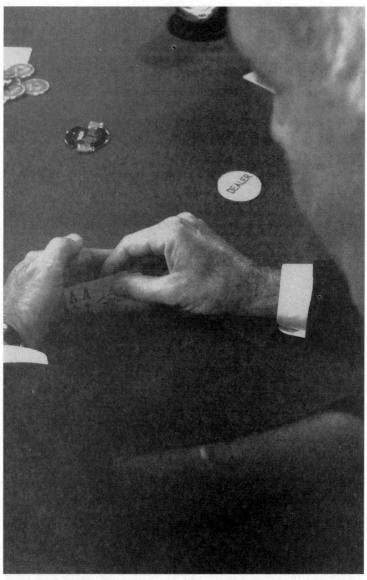

Figura 15. Pon en marcha una rutina o estilo
robótico para ver tus cartas al principio.

2. Coloca tus fichas en montones ordenados de forma que tanto tú como el repartidor y los otros jugadores podáis verlas y sumarlas con facilidad. Mantén los montones ordenados durante toda la partida.

3. Cuando recibas tus cartas, míralas siempre de la misma manera. Te recomiendo que lo hagas con la cabeza baja. De esta forma, ofreces menos información. Para evitar cualquier posible movimiento de manos, trata de ver tus cartas sin sostenerlas. Una vez las hayas observado, no levantes la vista; continúa con la mirada baja. Intenta mantener la misma expresión facial sin tener en cuenta tus cartas. También, trata de verlas durante la misma cantidad de tiempo cada vez que se reparte una mano (figura 15).

4. Cuando hayas terminado de ver tus cartas, ahueca las manos, pon una sobre la otra y llévalas a la altura de la boca. Después, siéntate (figuras 16, 17, 18 y 19) con los codos ligeramente hacia fuera y las manos sobre la boca. Si mantienes

Figura 16. Examina tus cartas de forma rutinaria con la cabeza baja.

Figura 17. No cambies tu rutina; mantén las manos juntas frente a ti.

Figura 18. Establece tu posición rutinaria; las manos juntas bloquean la boca.

Figura 19. Mantén tu posición como parte de tu rutina; con el tiempo, los demás terminarán por ignorarte.

esta postura, te será muy difícil que tus adversarios los puedan observar o detectar cualquier señal en la nariz o en la boca. Al mismo tiempo, bloqueas gran parte del área del cuello, que puede revelar información sobre tus cartas, y, al mantener las manos ahuecadas en esa posición, limitas las señales de éstas y sus movimientos hacia otras partes del cuerpo o sobre la mesa

5. Procura mantener la misma postura y distancia con respecto a la mesa durante toda la mano.

6. Cuando apuestes, piensa antes qué vas a hacer. Haz enunciados verbales cortos y uniformes a lo largo de toda la partida. Mueve tus fichas siempre de la misma manera y hazlo con una declaración sencilla, como «igualo», «subo», «doblo» o «apuesto todo». Inmediatamente después de que hayas puesto tus fichas en el bote, regresa a tu posición habitual con las manos ahuecadas sobre la boca.

7. No hagas movimientos superfluos con ninguna parte del cuerpo —piernas, torso, manos, brazos, rostro— durante el juego.

Si necesitas moverte en tu asiento, rascarte el cuello, bostezar, lamerte los labios o estirarte para estar más cómodo, hazlo durante las manos que no juegues o entre mano y mano.

8. rata de mantener la misma expresión facial durante toda la partida.

9. Permanece tan poco comunicativo como sea posible, tanto durante la partida como entre cada mano. No entables conversación ni contacto visual con ningún jugador a menos que sea absolutamente necesario. Recuerda que tu comportamiento verbal y visual puede ofrecer valiosas señales a tu oponente.

10. Si un jugador te pide un recuento de fichas, podrás calcularlo fácilmente si las has mantenido bien apiladas en montones y ordenadas según su valor. Si es posible, cuéntalas sin tocarlas y, después, sin mirar al jugador, comunícale la cantidad.

11. Recuerda que tu cerebro límbico afecta a tu comportamiento, al igual que las acciones de tus contrincantes. Al adoptar siempre la misma postura, la misma distancia con respecto a la mesa y la misma posición de la mano, reduces la probabilidad de emitir una respuesta límbica, pero no la eliminas por completo. Trata de mantener una pauta de respiración normal, incluso cuando hagas un farol. Mantén los pies totalmente apoyados en el suelo, e intenta que la posición de tus manos y tu voz sean estables.

12. Repite esta conducta, mano tras mano. Eso es esencial para minimizar tus señales y maximizar las posibilidades de que el resto de los jugadores te ignoren pronto y dirijan su atención a contrincantes con un lenguaje corporal más interesante. ¿Sería adecuada una conducta similar en un programa de televisión? No. Si alguien actuara de un modo robótico, la mayoría de los telespectadores cambiarían de canal. Pero, recuerda, tu meta en la mesa de póquer es ganar

dinero, no un Oscar como actor. Si restringir tus movimientos equivale a obtener una ventaja, ¡adelante!

¿Tendré dificultades para ocultar mis señales?

Todos somos diferentes, así que no debería sorprenderte que a algunos individuos les resulte más fácil ocultar sus señales que a otros. Para empezar, algunos jugadores emiten más señales y tienen más problemas para ocultarlas. También varía el esfuerzo que cada jugador está dispuesto a realizar para ocultar su conducta no verbal. Quienes se comprometen a hacerlo y trabajan duro en ello tienen mayores probabilidades de obtener buenos resultados en un periodo de tiempo relativamente corto. Pero lo fundamental es tener en cuenta que ocultar y no revelar es una meta alcanzable. Considera el caso de Alice Thompson (no es su nombre real). Participó en el primer seminario de póquer de Camp Hellmuth y era, prácticamente, «una emisora de señales» —las emitía del mismo modo que un isótopo nuclear emite radiaciones—. Los jugadores se aprovechaban de esto y usaban sus señales para descubrir sus intenciones cuando iba de farol y abandonar cuando tenía una buena mano. Me la llevé aparte y durante diez minutos le indiqué sus señales más obvias. Le expliqué que miraba las cartas de soslayo cuando tenía una mala mano, y apretaba la mandíbula cuando las cartas comunitarias no le gustaban. Después, le sugerí algunas formas de ocultar sus señales (las que describo en este capítulo). Al final del día siguiente, había mejorado tanto su juego que llegó a la mesa finalista del torneo especial. Había cambiado su conducta radicalmente y se hizo difícil de leer. Tal vez no logres un cambio tan espectacular en tan poco tiempo, pero, si te esfuerzas, podrás hacerlo a tu ritmo.

Comprueba la precisión de tu imagen en la mesa

Bien, te has presentado con tu mejor imagen para limitar tus señales en la mesa y animar a tus oponentes a mirar hacia otra parte para obtener información. La pregunta ahora es: ¿cómo puedes valorar la eficacia de tu nueva imagen en la mesa? Por supuesto, una forma de hacerlo sería jugar en condiciones normales en la mesa de póquer, pero eso puede resultar caro y estresante... particularmente si tu imagen necesita algún retoque. Te recomiendo que abordes tu nueva imagen en el juego del mismo modo que un actor ensaya para interpretar un determinado papel. Primero, necesitas ensayar tu papel antes de aparecer en el escenario. Después, precisas la colaboración de alguien en quien puedas confiar para que te informe sobre tu actuación cuando hagas el ensayo general.

Esto es lo que yo haría. En primer lugar, compra, alquila o pide prestada una grabadora de vídeo. En la actualidad, esos aparatos no son muy caros. Ponla en funcionamiento sobre un trípode y juega una partida con algunos amigos en tu casa. Enfócate con la cámara y déjala para que grabe durante el tiempo que dure el juego. Asegúrate de sentarte en un extremo de la mesa, de forma que la cámara capture todo tu cuerpo mientras juegas. Después, rebobina, mira la grabación y pregúntate: «¿Qué veo aquí?». Del mismo modo que muchos nos sorprendemos cuando oímos nuestra voz por primera vez en una grabación, la mayoría de la gente se asombra cuando se ve por primera vez en una cámara de vídeo y reconoce cómo ciertas partes del cuerpo emiten señales no verbales que revelan sus intenciones y la fuerza de sus manos sin haberse dado cuenta de ello. Tu recompensa por este esfuerzo se te hará evidente tras unas pocas horas de grabación. Probablemente serás capaz de detectar la mayoría de tus señales; gestos que otros pueden ver y utilizar en su propio provecho. Estarás en posición de eliminar esos comportamientos reveladores y presentar una imagen más encubierta en la mesa.

En la segunda fase de este ejercicio, habla con un amigo en quien puedas confiar y que esté relacionado con el póquer, alguien que haya leído este libro y esté familiarizado con las señales, y pídele que te observe mientras juegas una partida en tu casa. Pregúntale si es capaz de detectar alguna señal en tu comportamiento mientras juegas. Si es así, puedes hacer más modificaciones. Si no encuentra ninguna, probablemente ya estás preparado para que el telón se abra y comiences tu actuación en el casino con tu nuevo personaje para la mesa de póquer. Ahora, simplemente recuerda que no debes permitir que las apuestas elevadas te hagan volver a tu antiguo personaje revelador de señales. Cuando entran en juego grandes cantidades de dinero, siempre es más difícil ocultar los comportamientos dirigidos por el sistema límbico. Supervisa tu conducta a intervalos regulares (o pídele a un amigo que lo haga) para asegurarte de que tus antiguos hábitos no verbales no han reaparecido de un modo inoportuno. Dicho esto, ¡que comience el juego!

¿Usar gafas de sol para ocultar señales?

El uso de gafas de sol puede ser una forma efectiva de ocultar y no revelar, de modo que se las recomiendo a cualquier jugador que sienta que las necesita. ¿Te has preguntado alguna vez por qué los agentes del servicio secreto de Estados Unidos llevan gafas de sol? En realidad, lo hacen por dos razones: la gente no puede saber hacia dónde miran, y con ellas parecen menos amigables; de esa forma, evitan tener que tratar con muchos de quienes, en principio, tenían intenciones de abordarlos. Y añadiría una tercera razón: intimidan; parecen otorgar autoridad y control a quien las lleva.

No hay motivos para no llevar gafas de sol en la mesa de póquer, especialmente si tu meta es ocultar y no revelar. Si un adversario no puede saber hacia dónde miras, hay menos probabilidades de que se produzca una confrontación visual y un brote de comportamiento agresivo en la mesa. Además, si pareces menos amigable, reducirás la probabilidad de que algún jugador trate de entablar conversación contigo; algo deseable para quien desee ocultar información en lugar de divulgarla. Finalmente, si puedes mantener una imagen intimidatoria en la mesa, es menos probable que tus contrincantes hagan juegos mentales contigo, y te dejarán al amparo de tu anonimato.

Hay otras razones para llevar gafas de sol: pueden ocultar muchas señales visuales, como el cambio del tamaño de la pupila (más fácilmente detectable en quienes tienen los ojos azules o verdes), las variaciones en la órbita ocular y los arqueos de cejas. No debería subestimarse la importancia de camuflar esas señales. En un seminario de póquer, Phil habló de un incidente en el que detectó el arqueo de cejas de un oponente cuando éste vio sus cartas —una señal de mucha seguridad—. Phil abandonó la mano sabiamente y se ahorró un montón de dinero, porque su oponente tenía la mejor jugada posible.

¿Y si me pongo un sombrero por si acaso?

Una vez más, eso dependerá de cada uno. Hay personas que transmiten tanto con el rostro que me dejan pasmado. En cierta ocasión, sugerí a una mujer que se pusiera una visera porque podía detectar sus señales a tres mesas de la suya. Cada vez que tenía una mala mano, arrugaba la frente y ponía los ojos en blanco. A nivel general, este tipo de gestos se conoce como señales de desdén. Y, desde luego, cada vez que exhibía uno de esos gestos, desperdiciaba la mano. Ya puestos, podría haber levantado la mano para decir después: «¡Voy a abandonar!». Si eres como esta mujer, hazte con una visera y baja la cabeza... resultas demasiado fácil de leer.

El tema de los accesorios pone de relieve una cuestión interesante. ¿Dónde fijamos el límite? ¿Deberíamos jugar todos como Phil Laak, alias *Unabomber*, con su sudadera con capucha que le cubre toda la cabeza? En un campeonato mundial de póquer, apareció un hombre vestido con un disfraz de Elmo, el popular muñeco gigante de *Barrio Sésamo*. Estoy seguro de que le ayudó a ocultar sus señales, pero ¿es apropiado? Tal vez todo el mundo debería vestir un *burka*, con una simple ranura en los ojos (que podrían taparse con gafas de sol). Eso eliminaría una gran cantidad de señales y te pondría en una posición similar a la del juego por Internet.

No obstante, ¿jugar con accesorios da una ventaja injusta? Sí.

¿Se hará algo sobre este asunto? No lo sé. Tal vez en un futuro se llegue a crear un conjunto de normas para los torneos que regule lo que un jugador puede y no puede vestir en la mesa de póquer. Ésta sería la manera más justa de abordar este asunto; igualaría a todos los jugadores. Hasta que eso suceda (si es que alguna vez llega a suceder), sugiero que cada jugador juzgue por sí mismo si los accesorios como gafas y sombreros pueden ayudarle a ocultar sus señales. Si es así, aconsejaría al jugador que los usara. Merece la pena aprovecharse de cualquier vacío en el reglamento del juego, particularmente en los torneos, donde ocultar o revelar una señal puede suponer una diferencia de millones de dólares.

El sendero de ocultación del hombre de negro

Un jugador de póquer serio debe tener siempre cuidado de no emitir señales; en caso contrario, corre el riesgo de que aquellos que son lo suficientemente observadores como para detectarlas lo lleven a la ruina. Necesitas supervisar sistemáticamente tu juego para asegurarte de que no emites señales y, cuando sea necesario, usar «ayudas» para reducir las probabilidades de que detecten tus señales aunque no puedas evitar emitirlas.

Hay varias cosas que hago para reducir el riesgo de emitir señales durante la partida y dificultar su percepción en caso de emitirlas. Llevar gafas de sol me ayuda a ocultar las señales visuales. Mi posición personal «puños delante del rostro» me protege para no mostrar los gestos de la boca. Normalmente también llevo una cazadora de cuero negro totalmente abrochada para evitar que los jugadores me vean el cuello y parte de la barbilla. También me esfuerzo por pasar mi turno (*check*) siempre de la misma manera, tanto si la mano es buena como mala. Finalmente, suelo llevar un sombrero que me cubre la frente para ocultar cualquier expresión facial que pueda revelar la fuerza de mi mano.

Capítulo 4

La parte más sincera del cuerpo

En el capítulo 1, te pedí que adivinaras cuál es la parte más sincera del cuerpo —la parte que con mayor fiabilidad revela las verdaderas intenciones de una persona y, por lo tanto, la primera donde buscar señales cuando trates de engañar a tu oponente.

La respuesta es... ¡los pies!

Es cierto, los pies ganan todos los premios a la sinceridad.

Tal vez pienses: «Aunque fuera verdad, ¿qué hay de interesante en ello? ¡No puedo ver los pies de mis adversarios debajo de la mesa de póquer!».

Bien, en realidad sí puedes hacerlo en ciertas circunstancias. Y, además, para ver los pies, hay modos más efectivos que echar una mirada furtiva por debajo de la mesa. Enseguida te explicaré cómo hacerlo, pero primero déjame explicarte por qué los pies son la parte más sincera del cuerpo. De ese modo, sabrás por qué son tan buenos a la hora de emitir señales de póquer y por qué se comportan de ese modo.

Una nota evolutiva

Durante millones de años, nuestros pies y piernas han sido nuestro principal medio de transporte, y también nuestro principal recurso para sobrevivir. Maravillosamente diseñados, los pies nos ofrecen una plataforma que nos permite palpar, caminar, girarnos, correr, mantenernos en equilibrio, dar patadas, trepar, jugar, asir e incluso escribir. Y aunque para ciertas tareas no son tan eficaces como las manos (el pie carece de un dedo gordo oponible), como dijo en una ocasión Leonado da Vinci, su exquisito diseño los convierte en un testamento de la obra de Dios.

Los brazos y las piernas complacen cualquier pensamiento que tengamos en la cabeza. Cuando queremos correr, los pies se adaptan para realizar la tarea; cuando deseamos saltar, no nos defraudan. Cuando un barco se balancea, nos ayudan a mantener el equilibrio; cuando nos sentimos amenazados, se preparan para escapar inmediatamente. Como observó el escritor y zoólogo Desmond Morris, los pies comunican con exactitud aquello que pensamos y sentimos, con más precisión y sinceridad que ninguna otra parte del cuerpo.

¿Por qué los pies y las piernas reflejan con tanta exactitud nuestros sentimientos? Durante millones de años, mucho antes de que desarrolláramos el lenguaje, los miembros inferiores reaccionaban inmediatamente a las amenazas del entorno (fuegos, serpientes, leones) sin necesidad del pensamiento consciente. Nuestro cerebro límbico se aseguró de que los pies y las piernas reaccionaran como necesitábamos, a través de la inmovilización, la huida o con una patada a la potencial amenaza. Este patrón de supervivencia, común a todos los homínidos, nos ha sido muy útil. Este sistema increíblemente preciso es tan sensible que cada vez que nos encontramos con algo peligroso o incluso desagradable, los pies y las piernas todavía reaccionan del mismo modo. Primero se paralizan, después tratan de distanciarse y, finalmente, si no hay otra alternativa posible, se preparan para luchar y dar patadas.

Como dije anteriormente, este mecanismo de paralización, huida y lucha no requiere un proceso cognitivo complicado; es instintivo y emocional. Los pies y las piernas no sólo reaccionan a las amenazas y situaciones estresantes, sino también a todas nuestras emociones, tanto las negativas como las positivas. Los bailes y fiestas de hoy en día no son más que una variación de las exuberantes celebraciones que exhibíamos hace millones de años cuando la jornada de caza finalizaba con éxito. En todo el mundo, los pies y las piernas son la parte del cuerpo que con más frecuencia comunica los sentimientos de felicidad, ya se trate de guerreros Masai que dan saltos o parejas que celebran la tormenta con una danza. Incluso, en algunos juegos de pelota, golpeamos el suelo con los pies al unísono para dar a conocer nuestro apoyo a nuestro equipo.

Con el paso de los siglos, a medida que nuestra especie desarrollaba el lenguaje y las habilidades vocales, la necesidad de observar los pies pasó a ser menos relevante, puesto que podíamos gritar en caso de peligro y alcanzar distancias cada vez mayores con la voz. Sin embargo, los pies continúan siendo uno de los transmisores más importantes y sinceros de nuestros sentimientos y sensaciones.

Las pruebas de esta afirmación abundan en nuestra vida cotidiana. Puedes verlas en ti mismo. Fíjate cuando dos personas hablan en una sala y desean tener una conversación en privado: la posición de los pies de uno refleja la del otro, y normalmente forman un cuadrado. Si alguien se acerca, los pies podrán actuar de una de las dos formas siguientes: si los pies de la pareja se quedan fijos, los de uno frente a los del otro, y sólo mueven la parte superior del torso, realmente no desean que esa tercera persona se una a ellos. Sin embargo, si sus pies se abren para recibirla, podemos llegar a la conclusión de que es realmente bienvenida. La mayoría de la gente girará la parte superior del cuerpo en dirección a la persona que se acerca; esto se hace por cortesía. Sólo cuando los pies se mueven, para admitir al nuevo acompañante, se puede decir que la bienvenida es genuina.

También puedes observar a los niños y los movimientos de sus pies. Puede que un niño esté sentado a la mesa para comer, pero si lo que desea es salir y jugar, podrás advertir que balancea los pies y se estira para tocar el suelo, incluso cuando todavía no ha terminado su comida. Los padres tratarán de retenerlo en la mesa; sin embargo, el niño apuntará los pies en dirección a la puerta. Puede que el cariñoso progenitor lo abrace, pero el pequeño girará y torcerá los pies diligentemente en dirección a la puerta —un reflejo preciso de adónde quiere ir—. Por supuesto, los adultos nos contenemos más, pero no demasiado.

Quien haya dedicado su vida a descifrar el mundo que le rodea sabe que los pies, y no el rostro, son los transmisores de sentimientos más precisos. Tras haber realizado miles de entrevistas para el FBI, aprendí a concentrarme primero en los pies y las piernas, y a dejar el rostro y las manos para el final. Si quieres descifrar el mundo que te rodea e interpretar con precisión los diferentes comportamientos, observa los pies y las piernas. La información que transmiten es verdaderamente extraordinaria y sincera.

Pies felices en la mesa de póquer

Al tratar de leer el lenguaje corporal, la mayoría de los jugadores comienzan por la parte de arriba (rostro) y después continúan hacia abajo. Mi enfoque es totalmente al contrario: empiezo por los pies y subo a partir de ahí. Lo hago así porque, cuando se trata de la *sinceridad* de las reacciones de un individuo, el grado de veracidad disminuye a medida que avanzamos desde la planta de los pies hacia la cabeza. Por lo tanto, los pies son la parte más sincera de nuestro cuerpo y el rostro la más engañosa.

Si piensas en ello, hay una buena razón que explica la naturaleza engañosa de nuestras expresiones faciales. Mentimos con el rostro porque eso es lo que nos han enseñado a hacer desde nuestra más tierna infancia:

—No pongas esa cara –gruñen nuestros padres cuando reaccionamos con sinceridad ante el repugnante pastel de carne de la tía Wilma–. Al menos, trata de *parecer* contento cuando vienen tus primos –añaden; y, de este modo, aprendes a forzar una sonrisa.

En esencia, nos dicen que ocultemos, disimulemos, engañemos y mintamos con nuestro rostro... de forma que terminamos por hacerlo bien. Tan bien que, de hecho, cuando estamos en la mesa de póquer y ponemos una expresión de felicidad en el rostro, parece como si tuviéramos una mano maravillosa aunque, en realidad, sólo tengamos un siete y un dos de distinto palo y estemos hundidos en la miseria.

Piensa en que si no pudiéramos controlar nuestras expresiones faciales, el término «cara de póquer» no tendría sentido.

Así que, en la mesa de póquer, no me dedico a buscar rostros felices, sino que busco lo que yo llamo «pies felices», pies que se mueven y dan saltos de alegría debajo de la mesa. Los pies son la parte más sincera del cuerpo porque nunca nos han enseñado a controlarlos; y si lo hubieran hecho, sería algo difícil de lograr porque su comportamiento es una respuesta del cerebro límbico que ha sido integrada en nuestro sistema nervioso durante un periodo evolutivo de millones de años.

Hace unos meses, observé en televisión el juego de la mesa finalista del torneo mundial de póquer. Uno de los jugadores recibió una escalera de color ¡y sus pies se volvieron locos! Empezaron a agitarse y dar saltitos como los pies de un niño al que le acaban de decir que lo van a llevar a Disneylandia. Su rostro era estoico, y su conducta en la mesa tranquila, pero cerca del suelo había muchísimo movimiento. Me dirigí al aparato de televisión y recomendé a los otros jugadores que abandonaran la mano. Por desgracia no podían escucharme. Dos de los jugadores igualaron su apuesta y perdieron.

Aquel jugador había aprendido muy bien a poner cara de póquer. Obviamente, todavía le quedaba mucho para aprender a poner pies de póquer. Por suerte para él, sus contrincantes no habían leído este libro... y, al igual que la mayoría de los jugadores, se habían pasado la vida sin prestar atención a tres cuartas partes del cuerpo humano, desde el pecho hacia abajo, y a las importantes señales que se pueden encontrar allí.

Cuando un jugador muestra unos pies felices es porque tiene una mano muy buena. Es un gesto de mucha confianza, una señal de que ese jugador es fuerte y sus oponentes deben andarse con cuidado.

Cuando imparto seminarios de póquer, los participantes siempre se asombran cuando les hablo de la importancia de los pies felices.

—No puedes ver los pies –alegan.

Esa afirmación no es del todo cierta. Normalmente, puedes ver los pies de los jugadores que están a ambos lados de ti, e incluso si no pudieras, hay un modo sencillo de averiguar si un jugador tiene pies felices. Has de fijarte en su camisa o sus hombros: si sus pies se mueven o dan saltitos, la camisa y los hombros vibrarán o se moverán ligeramente.

Intenta hacer lo siguiente: siéntate delante de un espejo de cuerpo entero y comienza a mover los pies. Verás cómo tu camisa o hombros comenzarán a moverse. Si no estás atento, no podrás advertir ese movimiento, pero si te centras en buscar movimientos en la camisa y los hombros, podrás detectarlos en la mayoría de los casos.

Por lo general, a mis alumnos de los seminarios de póquer se les enciende la bombilla cuando por fin logran ver el movimiento en la camisa y los hombros del jugador con pies felices. Se dan cuenta de que se han estado perdiendo una importante señal y se apresuran a aprovecharla. Menos de un mes después de la final del primer Camp Hellmuth, recibí seis correos electrónicos de participantes que me informaban de las sustanciosas ganancias que habían obtenido simplemente por haber detectado pies felices en sus oponentes. Otro participante evitó perder una importante cantidad de dinero al decidir no igualar la apuesta de un contrincante cuyos pies felices mostraban la fuerza de su mano.

Unas palabras de advertencia: como todas las señales, los pies felices deben ser valorados en su contexto para determinar si representan una señal auténtica o simplemente un exceso de nerviosismo. Por ejemplo, si una persona, por lo general, mueve continuamente las piernas (una especie de síndrome de las piernas inquietas en la mesa de póquer), puede ser difícil distinguir entre los pies felices y su excesiva energía nerviosa. Sin embargo, si el ritmo del movimiento aumenta particularmente después de que ha visto sus cartas, puedo interpretarlo como una señal de que la fuerza de su mano ha mejorado.

Mirar debajo de la mesa puede mejorar tu juego

Buscar señales entre la superficie de la mesa y el suelo puede reportarte importantes beneficios en tu juego. A continuación tienes otros gestos de los pies que pueden ayudarte a leer a tu oponente (figuras 20 a 24):

1. *Observa los pies que se apartan de la mesa.* Solemos alejarnos de aquello que no nos gusta o que nos resulta desagradable. Ciertos estudios sobre el comportamiento en las salas de los tribunales revelan que cuando a los miembros

Figura 20. Pies totalmente apoyados sobre el suelo.

Figura 21. Pies que se elevan de repente: un indicio de intención.

Figura 22. Pies que apuntan hacia dentro: indicativo de inseguridad o incomodidad.

Figura 23. Los tobillos entrelazados pueden verse únicamente cuando el jugador va de farol.

del jurado no les gusta un testigo, sus pies suelen apuntar hacia la puerta por la que entraron. Esto también sucede cuando alguien desea terminar una conversación. De las caderas hacia arriba, está de cara a la persona con la que hablan, pero los pies se giran en dirección a la salida más cercana. Si los pies de un jugador apuntaron hacia delante durante la primera parte de la mano y, después, tras ver otra carta (en el *Hold'em,* normalmente, las tres primeras cartas comunitarias, la cuarta o la quinta) aparta los pies, esto puede interpretarse como una señal de retirada, de que ya no quiere seguir involucrado en la mano.

2. *Si un jugador mueve constantemente los pies o balancea las piernas, y de repente detiene el movimiento, presta atención.* Puede indicar que va de farol (una respuesta de paralización). Fíjate si el movimiento se detiene justo después de que el jugador haya hecho una apuesta importante, especialmente si adviertes otros comportamientos de paralización (contener la respiración, control excesivo de los movimientos corporales, etc.).

3. *Si los pies de un jugador pasan de una posición de descanso (totalmente apoyados sobre el suelo) a una posición de salida (talones elevados, dedos hacia delante), se prepara para actuar.* Este gesto recibe el nombre de *indicio de intención* y sugiere que el jugador va a involucrarse en la mano, bien igualando, subiendo o doblando.

4. *Cuando un jugador, de repente, gira la punta de los pies hacia dentro o los entrecruza, está nervioso o se siente amenazado.* Normalmente, esto nos indica que su mano es débil o poco significativa. Si, tras hacer la apuesta, rodea las patas de la silla con los pies, probablemente se trate de un farol. No está seguro y se contiene.

5. *Si ves que un jugador se aparta de la mesa y cruza las piernas, una sobre la otra, estás ante una señal de mucha confianza que sugiere que tiene una buena mano.*

Figura 24. Rodear de repente las patas de la silla con los tobillos es un indicativo de contención.

6. *Cuando un jugador hace una apuesta cuantiosa y después rodea las patas de la silla con los tobillos, estás ante una señal de contención (comportamiento de paralización) que sugiere que va de farol. Se contiene por temor a que descubran su farol.*

7. *Observa a los jugadores que rodean las patas de la silla con los pies y después mueven la mano de arriba abajo por las piernas (como si se las estuvieran secando con los pantalones).* Los pies bloqueados son una respuesta de paralización y frotar las manos sobre el pantalón, un comportamiento apaciguador. Ambos gestos, en conjunto, hacen que sea probable que el jugador vaya de farol. Su lenguaje corporal nos dice: «Me siento muy nervioso aquí; por favor, no descubráis mi farol» (fíjate en las figuras 81 y 82, en la página 194).

8. *A veces los jugadores, repentinamente, pasan los pies de delante de la silla hacia debajo de ésta.* Normalmente esta señal indica debilidad o farol, especialmente cuando va precedida de una acción en la mesa, como sacar las cartas comunitarias.

Lleva la atención a los pies para evitar un traspié

Puesto que los pies son la parte más sincera del cuerpo, proporcionan la información más precisa y auténtica al jugador de póquer atento. Aquí tienes una lista de las diferentes partes del cuerpo, ordenadas según su nivel de sinceridad:

1. Pies (la parte más sincera)
2. Piernas
3. Torso
4. Brazos
5. Manos

6. Boca
7. Ojos
8. Cara (la parte menos sincera)

En cuestión de señales, los pies te darán la información más acertada, mientras que los gestos faciales te darán la menos fiable. Existe una correlación entre la sinceridad de una parte específica del cuerpo y la fiabilidad de las señales que exhibe. En los capítulos siguientes, trataré esas otras partes del organismo que también ofrecen señales, y que, aunque no son tan precisas como las de los pies, no dejan de ser valiosas a la hora de leer a la gente y aumentar tu éxito en la mesa de póquer.

Capítulo 5

SEÑALES de disposición

El radar es un magnífico instrumento de planificación. Al avisarnos anticipadamente de los posibles problemas, nos permite contar con más tiempo e información para superar con éxito esas dificultades. ¿Puedes imaginarte cómo sería un importante aeropuerto internacional sin un radar? Te aseguro que sería la peor pesadilla para un controlador del tráfico aéreo. Los controladores aéreos precisan información acerca de lo que sucede a su alrededor: necesitan saber dónde están los pilotos y qué tratan de hacer, para poder mantener la seguridad en el aire.

¿No sería genial tener un radar en la mesa de póquer? Imagina lo útil que resultaría saber anticipadamente en qué punto se encuentran los jugadores y qué pretenden hacer cuando les llegue su turno de actuar. Con toda seguridad, eso obraría milagros en tu economía.

La buena noticia es que sí cuentas con un radar personal en la mesa de póquer... sólo tienes que encenderlo. Eso pasa por escudriñar continuamente a tus adversarios, saber qué señales buscar para conocer sus intenciones anticipadamente y, después, usar esa información para jugar tu propia mano con eficacia.

Indicios de intención

En mi trabajo como agente del FBI, aprendí muy pronto que había ciertas señales no verbales que tenía que buscar si quería averiguar qué *pretendía* hacer alguien antes de que llegara a hacerlo. ¡Eso resultaba de gran ayuda si su intención era dañarte físicamente! Advertir algo con anticipación puede llegar a ser esencial a la hora de evitar graves daños o incluso muertes. Y una de esas señales no verbales tiene que ver con la nariz.

Si llevas los dedos de la mano a cada lado de la nariz, puedes localizar el contorno de los orificios nasales. Si, en esa posición, tratas de tomar aire por la nariz, podrás ver cómo se expanden los orificios nasales. Eso recibe el nombre de dilatación de las aletas nasales, un potente indicador de que el individuo planea hacer algo físico. Al prepararse para actuar, se oxigena, lo que provoca que la nariz se expanda. En mi profesión, si veo que un sospechoso mira hacia abajo (un acto de ocultación) con las aletas de la nariz dilatadas, sé que hay muchas probabilidades de que se prepare para golpearme. Conocer esa información me permite tomar las medidas necesarias para protegerme y me ayuda a evitar los golpes a traición.

¿Qué sucede con la dilatación de las aletas nasales en la mesa de póquer? ¿Podemos percibirla? Sí. ¿Estamos en peligro físico? Probablemente no, a menos que este gesto se produzca en mitad de una discusión entre jugadores. En la mesa de póquer, esta dilatación de las aletas nasales es una señal de *intención o disposición*: nos permite saber que el jugador planea involucrarse en la mano. Por supuesto, se trata de una valiosa información si piensas apostar y deseas saber si alguien más tiene intención de hacerlo. En cierta ocasión, me hallaba en una mesa donde el último jugador en apostar esperaba a que llegara su turno y durante todo ese tiempo su nariz permaneció dilatada. ¡No podía esperar más para poner sus fichas en el centro de la mesa! Si te encontraras en esa mesa y fueras de los primeros jugadores en hablar, ser consciente de la dilatación de las aletas nasales de ese jugador te ayudaría a decidir si debes abandonar, igualar o subir. Recuerda: dilatación de las aletas nasales = acción a continuación.

Hay otras señales de intención que te ayudarán a saber qué planean hacer los jugadores... ¡antes de que lo hagan! Deberás buscar siempre señales de disposición y retirada en tus oponentes. Normalmente, verás que el torso del jugador se inclina en dirección a la mesa cuando va a involucrarse en el juego, y se distancia cuando no le conviene implicarse. Una forma de observar este comportamiento es en términos de energía. Invertir la energía necesaria para estar en una postura inclinada hacia delante pasa factura al cuerpo, que preferiría estar relajado y descansado. De modo que cuando una persona que permanece en una posición relajada, inclinada hacia la derecha o la izquierda, adopta de repente una posición hacia delante, puedo saber que se trata de una señal de disposición, una intención de actuar.

Las manos también son una buena fuente de señales de disposición. Cuando estamos preparados para actuar, solemos mover más las manos en la mesa. También tendemos a movernos más, porque esperamos nuestro turno para actuar. Juguetear con las fichas no es una buena señal, porque mucha gente lo hace para aliviar el estrés del juego. Sin embargo, agitar los pulgares o moverlos de arriba abajo normalmente es una señal de disposición, un gesto que dice: «Estoy impaciente por apostar». Por el contrario, si observas que un jugador comienza a retirar las manos de la mesa cuando se reparten cartas adicionales, o se distancia de las cartas, las fichas o la mesa, puedes asumir que son señales de retirada y que, por alguna razón (probablemente unas malas cartas comunitarias), planea abandonar la mano. Una vez más, conocer esta información con antelación, antes de que suceda, puede ser una gran ventaja a la hora de decidir la mejor jugada.

La posición de las palmas de las manos nos ofrece una señal interesante. Algunos jugadores se sientan con las palmas hacia arriba, la llamada posición rogatoria. Ésta no es una posición de disposición. La posición de disposición es con las palmas hacia abajo. De modo que si el jugador se sienta normalmente con las palmas hacia arriba y, de repente —por regla general después de ver sus cartas por primera vez—, pone las palmas hacia abajo, hay muchas probabilidades de que se prepare para jugar su mano.

La posición de los pies de una persona puede ser un indicador preciso de sus intenciones de juego. Quienes se preparan para involucrarse en el juego cambiarán la posición de sus pies para adoptar una similar a la del corredor que se prepara para salir disparado en la pista. Los talones pasarán de estar apoyados en el suelo a elevarse, y los dedos apuntarán hacia delante (figura 25).

Los indicios posturales también pueden señalar la intención de involucrarse en el juego. Cuando un jugador, que ha estado recostado en la silla o descansando cómodamente, mira las cartas y, repentinamente, presta atención y se sienta con la espalda recta, no te sorprenderá ver que se involucra en la mano. Necesitas buscar cambios en la posición del jugador en la silla. Si alguien siempre se sienta con la espalda recta y ligeramente inclinado hacia delante, esta posición no debe tomarse como una señal de intención. Es su postura normal. No tiene nada que ver con el comportamiento de una mujer joven que pasa de estar recostada en la silla a enderezar completamente la espalda. Sin embargo, si la persona siempre se sienta con la espalda recta y ligeramente inclinada en dirección a la mesa, y de repente se echa hacia atrás y se distancia de la mesa, este cambio puede indicar la intención de no involucrarse en la mano.

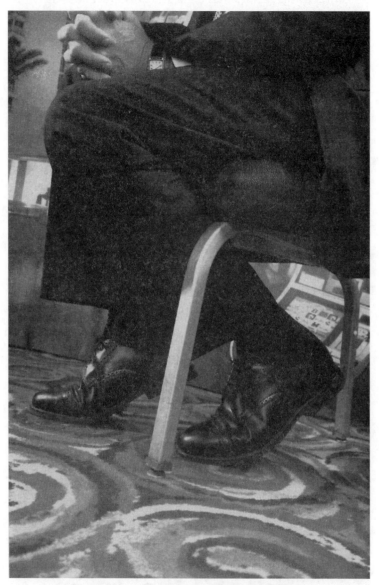

Figura 25. Los pies que adoptan repentinamente la posición de corredor son un indicio de intención.

Una de las señales más clásicas de disposición —de la que se ha hablado durante décadas— también revela la intención de participar en la mano, normalmente de un modo agresivo: el jugador mira sus cartas e, inmediatamente, mira sus fichas o toma las fichas (figuras 26 y 27). Uno podría pensar que todo lo que se ha dicho de esta señal disuadiría a cualquier jugador de manifestarla; sin embargo, todavía se observa en las mesas, lo cual nos recuerda, una vez más, que es difícil ocultar o eliminar un comportamiento integrado en el cerebro límbico.

Proteger excesivamente las cartas es otra señal de disposición. Cuando ves que un jugador mira sus cartas y, a continuación, las «protege» o «se acerca» a ellas, particularmente cuando ese comportamiento se hace más frecuente después de que hayan salido las cartas comunitarias, es bastante probable que vaya a participar activamente en la mano (figuras 28 y 29). Por el contrario, el hecho de que el jugador, repentinamente, se distancie de sus cartas, o las abandone sobre la mesa, es un fuerte indicador

Figura 26. El jugador mira las cartas e, inmediatamente después, las fichas.

Figura 27. Una mirada rápida indica intención y una buena mano.

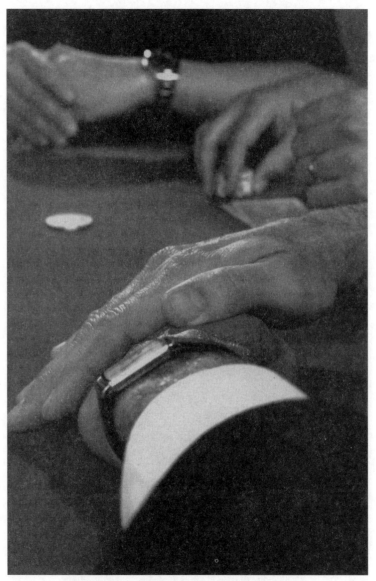

Figura 28. A veces los jugadores *amateur* protegen
excesivamente las cartas cuando tienen una buena mano.

Figura 29. El jugador se aproxima a la mesa:
piensa que tiene una buena mano.

Figura 30. Al girar la carta descubre que tiene una
mala mano e, inconscientemente, se aleja.

de que no tardará mucho en dejar el juego o la apuesta (figura 30). Lo mismo sucede con las fichas. Aunque muchos jugadores las toquetean, debes prestar atención a cualquiera que, de repente, protege o retira sus fichas más intensamente que cuando no estaba involucrado en la mano. Los cambios repentinos en el toqueteo de las fichas pueden ser un reflejo de los cálculos del jugador acerca de lo bien que se desarrolla su mano, carta a carta.

Una de las señales de disposición más interesantes —y a veces más difíciles de comprender— es la de fruncir los labios. Tómate un momento y frunce los labios como si fueras a besar a alguien. Normalmente, fruncimos los labios cuando no estamos de acuerdo con algo o con alguien (figura 31). Este gesto puede verse con frecuencia durante los alegatos finales en los juicios. Mientras uno de los abogados habla, el abogado contrario frunce los labios en desacuerdo. Los jueces también lo hacen cuando están en desacuerdo con los abogados durante las conversaciones privadas.

¿Qué sucede cuando se fruncen los labios en la mesa de póquer? Si observas a un jugador que lo hace inmediatamente después de haber visto sus cartas o las cartas comunitarias, es muy probable que no esté contento con lo que ha visto y que abandone la mano. Esto es especialmente cierto si este gesto va acompañado de otra señal de intención, como retirar la mano de la mesa o un cambio en el centro de equilibrio del jugador en la silla (figura 32).

Aquí tienes un ejemplo del gesto de fruncir los labios que tuvo lugar durante una partida de nueve jugadores con dinero en metálico. Un jugador exhibió una señal de mucha confianza cuando vio sus cartas por primera vez y subió la apuesta. Sin embargo, cuando salieron las cartas comunitarias, frunció los labios. Otro jugador subió la apuesta considerablemente, y el individuo que había fruncido los labios se retiró de la mano. No pude averiguar si su oponente había advertido la señal de los labios y se

Figura 31. Cuando se fruncen los labios es porque las cosas no van como uno quiere.

Figura 32. A medida que la situación empeora, se retiran las manos y se fruncen más los labios.

aprovechó de ello. No obstante, esto demuestra la importancia de esta señal cuando tratas de engañar a alguien en una mano.

Hay algo que debemos tener en cuenta si observamos a alguien fruncir los labios. Cuando este comportamiento se prolonga, significa que el jugador está considerando sus alternativas. El fruncimiento de los labios desaparece cuando la decisión está tomada. Si juegas con frecuencia con un mismo jugador y eres capaz de saber que hace esto todo el tiempo (frunce los labios hasta que toma la decisión), tienes una ventaja tremenda. Ahora sabes que ya ha decidido, de modo que puedes buscar otras señales que te indiquen su plan de acción. ¿Retira las manos de la mesa? ¿Se inclina hacia delante? ¿Toma las fichas? Cuantos más indicios reúnas, más parte del puzle podrás resolver. Lo importante de esto es que *sabes* cuándo comenzar a buscar indicios, porque, en el momento en que ha dejado de fruncir los labios, ya ha decidido lo que va a hacer.

Buscar señales de disposición puede ayudarte a desarrollar un mejor plan de ataque, del mismo modo que un controlador del tráfico aéreo observa su radar para desarrollar un mejor plan de vuelos. Usa tu radar personal para obtener información anticipada sobre lo que tu contrincante planea hacer, y, en poco tiempo, estarás preparado para la mesa finalista. Y, recuerda, si ves a un jugador con el torso inclinado hacia delante, las manos sobre la mesa, los pies en posición de salida y las aletas de la nariz dilatadas, ya sabes lo que está a punto de hacer. Así que, a menos que tengas una mano excelente, ¡retírate!

Capítulo 6

Una introducción a las SEÑALES de mucha o poca confianza en uno mismo

En los siguientes capítulos describiré algunos comportamientos no verbales que muestran los jugadores cuando tienen mucha o poca confianza en su mano. Agruparé estas señales en diferentes categorías para que puedas comprenderlas y recordarlas con más facilidad. Ninguna de ellas es precisa al cien por cien en todos los jugadores, y nunca deberán ser el único factor que se ha de considerar para decidir cómo jugar tu mano. Sin embargo, cuando son sabiamente integradas en tu estrategia de juego, pueden resultar muy útiles para ayudarte a decidir si debes abandonar, igualar, subir o doblar la apuesta.

¡Una advertencia! No puedes leer a los jugadores que no saben leer sus manos

Las señales que describiré en este capítulo son respuestas del cerebro límbico; por lo tanto, reflejan con fiabilidad las verdaderas intenciones y creencias del jugador. Sin embargo, cuando estas creencias no son correctas, surgen problemas. Esto suele ocurrir con los jugadores novatos, que muestran señales de mucha confianza porque creen sinceramente que tienen una buena mano, cuando, en realidad, tienen una mano insignificante o terriblemente mala. Por esa razón a los jugadores profesionales puede resultarles frustrante jugar contra *amateurs*. En la mesa, puede haber cuatro cartas para una escalera, pero el jugador inexperto no lo ve. Está convencido de que su pareja es una mano fantástica y emite todas las señales de mucha confianza que verás en el libro, aunque al final su fracaso sea estrepitoso.

No hay nada que se pueda hacer con estos jugadores, a excepción de saber quiénes son y recordar que son impredecibles e incapaces de desarrollar estrategias sofisticadas porque carecen de los conocimientos básicos para comprender el juego. Una vez que te das cuenta de que ese tipo de persona está sentada a tu mesa, simplemente no trates de leerla. No es que no emita señales, sino que sus señales de confianza están teñidas de la ignorancia de creer que una pareja de cincos es la mejor jugada posible.

Algunas líneas generales para leer señales correctamente

Leer las señales es una habilidad que depende de las técnicas de observación efectiva que hemos tratado en el capítulo 1. Necesitas conocer esas técnicas y aplicarlas con precisión siempre que juegues. No voy a repetirlas aquí, pero quiero remarcar algunos puntos que deberás tener en cuenta cuando te enfrentes a tus adversarios en la mesa de póquer:

1. *Las señales de mucha confianza normalmente aparecen en aquellos jugadores que creen que tienen una buena mano. Por el contrario, las de poca confianza surgen en quienes creen que tienen una mala mano.*
2. *No todas las señales que surgen en la mesa tienen que ver con el póquer.* Recuerdo una partida en la que un oponente emitió una señal de mucha confianza antes de que le llegara su turno. Para mi sorpresa, abandonó la mano sin ni siquiera igualar la apuesta. Durante el descanso, le escuché cuando hablaba con su mujer y resultó que su comportamiento se debía a que había ganado una importante apuesta deportiva. Había visto el resultado en un monitor de televisión que se encontraba cerca de la mesa. En otra ocasión, vi que un individuo que exhibía una clara señal de poca confianza apostaba todas sus fichas. El hombre tenía dos ases cubiertos. Puesto que nunca había visto ese tipo de señal con unas cartas tan fuertes, le felicité por su mano con la esperanza de que dijera algo que me aclarara su comportamiento. Su respuesta fue: «Sí, fue una buena mano; pero si pudiera deshacerme de esta migraña...». El dolor era el responsable de la señal que había visto, y no sus cartas. La mejor forma de reducir tus posibilidades de malinterpretar señales como las que acabo de describir es observar cuándo se producen. Si surgen inmediatamente después de que acontezca un suceso significativo en la mesa —por ejemplo, cuando el jugador ve sus cartas cubiertas por primera vez o un adversario hace una importante apuesta—, es probable que las señales estén relacionadas con el juego. Si tienen lugar sin que se haya producido una acción específica o significativa, es muy probable que lo que las ha provocado no esté relacionado con el juego.

3. *Trata de averiguar el comportamiento base de los jugadores que están en tu mesa.* Necesitas fijarte en cómo se sientan normalmente tus oponentes, conocer su postura habitual, dónde ponen las manos y cómo hablan. De esa forma puedes saber cuándo se desvían de su comportamiento estándar. Por ejemplo, el hecho de que a un jugador le tiemblen las manos cuando mira sus cartas o alcanza las fichas se considera una señal de que tiene buenas cartas. Pero si tiene temblores en las manos normalmente, esa información no tendrá ningún sentido. ¿Cómo saber si ése es el caso? Con una lectura base del movimiento normal de sus manos. Un jugador de Camp Hellmuth mascaba chicle de forma habitual. Cada vez que tenía una buena mano, mascaba más rápidamente. Se trataba de una poderosa señal, pero sólo el observador que había percibido ese hábito, mediante una lectura base de su velocidad de mascado normal, podía advertir el ritmo acelerado.

4. *Busca evidencias conjuntas cada vez que sea posible.* Puesto que el jugador responde a situaciones específicas en el póquer con múltiples señales, siempre podrás confirmar tu lectura si identificas señales adicionales que sean coherentes con la que has detectado. Si un jugador mira sus cartas y muestra *pies felices*, puedes asumir que tiene mucha confianza en su mano. Si, además, sus pupilas se dilatan, lanza las fichas hacia arriba cuando apuesta, se reclina en su asiento y entrelaza las manos por detrás de la cabeza (todas son señales de mucha confianza), puedes tener un 99,99% de seguridad de que cuenta con una buena mano y confía en ganar la apuesta.

5. *Registra todas las señales del jugador durante toda la mano. Si, a medida que salen nuevas cartas, un adversario pasa de una señal de mucha confianza a otra de poca seguridad, tienes una información particularmente útil.* En un torneo mundial de póquer, una jugadora vio sus cartas cubiertas,

Figura 33. Unir las manos para formar con las yemas de los dedos un triángulo que apunta hacia arriba es un indicativo de confianza.

Figura 34. El triángulo puede modificarse, como en esta fotografía, con todos los dedos entrelazados a excepción de los índices, que apuntan hacia arriba.

movió los brazos y el cuerpo hacia delante (señal de mucha confianza), y apostó con agresividad. Sin embargo, cuando salieron las tres primeras cartas comunitarias, alejó el cuerpo y los brazos de la mesa (señal de poca confianza). Otro jugador, posiblemente consciente de su comportamiento, hizo una apuesta cuantiosa, y ella abandonó la mano. Las señales que reflejan los cambios en la fuerza de la mano de un jugador se convierten en dinero para el observador atento.

6. *Busca señales de microgestos, aquellos que duran un instante y surgen inmediatamente después de que se produzca un suceso significativo en la mesa.* Si la señal va seguida de un comportamiento no verbal secundario que entra en conflicto con la reacción inicial, confía en la señal del microgesto, pues suele ser la más sincera. Un ejemplo de esto es el jugador que, tras ver sus cartas, une las manos formando

Figura 35. Retorcerse las manos, especialmente si la
piel palidece, es indicativo de una mano débil.

un triángulo (una señal de mucha confianza en la que las yemas de los dedos de ambas manos se tocan entre sí para formar una especie de arco) y después comienza a retorcerse las manos (señal de poca confianza). En este caso, confiaría en que la señal de mucha confianza es la más sincera (figuras 33, 34 y 35).

7. *En general, las señales de disposición (capítulo 5) suelen estar relacionadas con manos fuertes, mientras que los comportamientos apaciguadores (capítulo 12) tienden a ir asociados con manos débiles, faroles y descontento con alguna acción específica en la mesa (apuestas, perder una mano, escasez de fichas o liquidez).*

8. *Observa a tus oponentes y recuerda cómo juegan. Su comportamiento pasado puede ayudarte a predecir lo que harán en el futuro.* Como siempre, las señales observadas te resultarán más útiles si estás familiarizado con el juego de tu oponente y sabes que una señal específica ha sido un indicador fiable de alta o baja confianza en el pasado, o tras estudiar el comportamiento de un contrincante al que te enfrentas por primera vez, adviertes que sus muestras de confianza son realmente indicadores fiables de la fuerza de su mano.

Capítulo 7

Muestras de confianza

Parte I. Señales que desafían a la gravedad

La mayoría de las posturas que desafían a la gravedad en la mesa de póquer indican un alto grado de confianza. Son el equivalente fisiológico de los signos de exclamación, una señal de la emoción que experimenta un jugador cuando tiene una buena mano. Las llamo señales que desafían a la gravedad porque, cuando se experimentan, se dirigen hacia arriba, en sentido contrario a la fuerza de gravedad.

Tendemos a realizar este tipo de señales, tanto de pie como sentados, cuando nos sentimos positivos, entusiasmados y llenos de energía por las circunstancias del momento. Los comportamientos que desafían a la gravedad rara vez pueden verse en personas con problemas, afligidas, clínicamente deprimidas o con una mala mano en la mesa de póquer. Las señales que desafían a la gravedad también están gobernadas por el sistema límbico.

¿Puede fingirse este tipo de señales? Imagino que sí, especialmente los actores realmente buenos o los eternos mentirosos, pero, en general, la mayoría de la gente no sabe alterar sus respuestas límbicas. Normalmente, vemos más comportamientos pasivos que afirmativos, y esto concuerda con la abundante investigación que existe sobre las conductas que desafían a la gravedad.

En este capítulo encontrarás algunos de estos comportamientos, los cuales, en la mesa de póquer, podrán darte unos beneficios que te pondrán los pies en la tierra.

Quien los pies eleva, buenas cartas lleva

Cuando estamos contentos y entusiasmados, caminamos como si flotáramos en las nubes. Vemos esto en los jóvenes enamorados, felices de estar juntos, en los niños que están ansiosos por entrar en un parque temático y en los jugadores de póquer que tienen una buena mano.

Los comportamientos que desafían a la gravedad, especialmente aquellos realizados con los pies, son parte de nuestras expresiones emocionales. Cuando estamos entusiasmados con nuestra mano —cuando nos sentimos positivos en relación con las cartas que tenemos—, solemos desafiar a la gravedad con gestos como *elevar los talones* o *balancear las piernas y los pies*. Como he dicho antes, es el cerebro límbico que, una vez más, se manifiesta con *pies felices*.

En el capítulo 4 hablé de la importancia de las señales de los pies, de modo que no insistiré más en ese tema, únicamente para recordarte que la respuesta de los pies felices es una de las señales más sinceras y precisas a la hora de averiguar la fuerza de las cartas de tu oponente.

Figura 36. El mentón elevado indica una buena mano.

El jugador con la barbilla
elevada cree la partida ganada

Los jugadores que mantienen el mentón más elevado de lo normal muestran una señal de mucha confianza. Puesto que el mentón se mantiene hacia arriba, se trata de un gesto que desafía a la gravedad, una señal de que al jugador le sucede algo positivo (figura 36). Por el contrario, cuando las cartas no son buenas, tenderá a bajar la barbilla.

¿Has oído alguna vez la expresión: «¡Mantén bien alta la cabeza!»? Es un comentario que suele hacerse a quienes están abatidos o pasan por una mala racha (tal vez una mala mano de póquer). Este ejemplo de sabiduría popular refleja con precisión las señales de las que se habla aquí: percibimos a las personas con el mentón hacia abajo como desanimadas, mientras que aquellas con el mentón hacia arriba nos parecen animadas y con un talante positivo.

Con la nariz hacia el techo, las
buenas cartas son un hecho

Una vez más, nos encontramos con un gesto que desafía a la gravedad (la nariz hacia arriba), una señal de mucha confianza. Por el contrario, la nariz que apunta hacia abajo es una muestra de poca confianza. Cuando la nariz de un jugador se eleva es porque confía en las cartas que tiene. Hace muchos años, se llevó a cabo un interesante experimento sobre este tipo de gesto. Se observó a un grupo de estudiantes fumadores, que acababan de recibir las notas obtenidas en un reciente examen, para determinar si lo habían aprobado o suspendido. Los estudiantes que habían superado el examen exhalaban el humo de los cigarrillos hacia arriba, mientras que aquellos que obtuvieron una baja puntuación exhalaban el humo hacia abajo. Aunque en la actualidad no es habitual que se fume en la mesa de póquer, si te encuentras con un jugador que mira sus cartas y, después, exhala el humo hacia arriba, tendrás que pensártelo muy bien si pretendes subir su apuesta.

Arquear las cejas: ¡piensa en Groucho Marx!

No sé cuántos de vosotros os acordaréis de los hermanos Marx. Era un grupo de cómicos, y Groucho siempre nos hacía reír cuando arqueaba las cejas cada vez que veía una mujer bonita. Este gesto, sin embargo, no es cosa de risa para aquellos jugadores que revelan la fuerza de su mano al arquear las cejas cada vez que ven una mano bonita (figura 37). No obstante, algunos lo hacen, y ésta es otra señal que desafía a la gravedad. Puedes ser el último en reírte si la detectas y le sacas partido. Eso fue exactamente lo que hizo Phil en el primer seminario de póquer cuando, tras advertir un arqueo de cejas en su oponente, abandonó la mano y se ahorró una buena cantidad de dinero.

Sentarse con la espalda erguida, mano que gana la partida

Los jugadores de póquer, cuando descubren que tienen buenas cartas, suelen elevar su cuerpo y sus apuestas: se sientan con la espalda más recta, casi como si crecieran en altura. Una vez más, exhiben una postura que desafía a la gravedad y que es una señal de mucha confianza (figura 38). Cuando veas este gesto repentino de enderezar la espalda (especialmente si ocurre después de que el jugador haya visto sus cartas), tal vez deberías considerar reducir la cuantía de tu apuesta.

Figura 37. Algunos jugadores arquean las cejas cuando algo les gusta; por ejemplo, ante una buena mano.

Figura 38. Enderezarse de repente en la silla es
una muestra de mucha confianza.

Levantarse de repente, una mano excelente

Algunos jugadores se entusiasman tanto cuando obtienen una buena mano que, sencillamente, se levantan de la silla. De ese modo, exhiben el comportamiento de desafío a la gravedad más pronunciado en el mundo del póquer. Es como si una olla a presión estuviera a punto de estallar si no se hace nada para remediarlo. He visto a muchos jugadores *amateurs* levantarse de repente simplemente porque no podían manejar sus emociones si permanecían sentados. También he visto cómo algunos saltaban literalmente de la silla y se alejaban de la mesa porque su entusiasmo era demasiado grande (figura 39). Este comportamiento puede identificarse con más certeza como una muestra de mucha confianza cuando aparece acompañado de otros indicios de que el jugador lleva una buena mano.

El hecho de levantarse de la mesa no siempre es resultado de un comportamiento de mucha confianza. Durante las largas sesiones de juego, algunos jugadores se levantan periódicamente para estirar las piernas. Muchos también lo hacen cuando lo apuestan todo a una mano y se enfrentan a la posibilidad de tener que dejar el juego si pierden. También he advertido que algunos se levantan cuando el bote se disputa en la última carta o cuando otro jugador se levanta primero. Por lo tanto, levantarse de repente es una de las señales más débiles cuando se trata de averiguar la fuerza de la mano del jugador.

Quien lanza las fichas por lo alto puede ganar el asalto

El último comportamiento que desafía a la gravedad, y que se considera otra señal de mucha confianza, está relacionado con la forma en que los jugadores ponen sus fichas en el bote. Esto puede hacerse de muchas formas: el jugador puede arrastrarlas,

Figura 39. Algunos jugadores se levantan de un salto, emocionados, cuando ven una buena carta que puede hacer que su mano resulte ganadora. ¿Por qué, entonces, está levantado este jugador? ¿Te has fijado, por lo que puedes ver en la fotografía, que iba perdiendo la mano? Si es así, ya has comenzado a desarrollar la habilidad de observación necesaria para ¡leerlos y desplumarlos! (Muchos lectores simplemente echarán un vistazo a la foto y no advertirán la discrepancia entre lo que ven y el comportamiento del jugador. ¡Espero que tú sí!) Lo que la fotografía no muestra es la cuarta carta comunitaria, un rey, que el repartidor acaba de poner boca arriba en medio de la mesa, fuera de la fotografía, pero fácilmente visible para el jugador emocionado. Está levantado, emocionado al darse cuenta de que ahora tiene trío de reyes contra las tres reinas de su contrincante.

Figura 40. Lanzar las fichas hacia arriba, en un movimiento
que describe un arco, es un indicador de alta confianza.

tirarlas o arrojarlas sobre la mesa. Pero sólo he descubierto un modo de poner las fichas que tiene potencial para revelar la fuerza de la mano del jugador.

Me he dado cuenta de que, cuando un jugador tiene realmente una buena mano, suele lanzar sus fichas hacia arriba, en un movimiento en forma de arco que termina en el centro de la mesa; una especie de arco iris en cuyo final se encuentra el caldero de oro que creen que pueden ganar (figura 40). Cada vez que veas que alguien lanza sus fichas hacia arriba, en un movimiento que traza un arco, ten cuidado. A menudo indica que quien apuesta tiene una mano fuerte, así que tal vez prefieras no aceptar el reto.

Despegue con dos ases cubiertos y otro más en la mesa: un as produce una señal que desafía a la gravedad

Una señal que desafiaba a la gravedad me ayudó a adivinar que Kevin McBride tenía un as cuando se jugaba un importante bote contra Scotty Nguyen en el torneo WSOP de 1998. Después de que ambos jugadores hubieran apostado sobre las cartas cubiertas, las cartas comunitarias fueron 4-6- K. A continuación, la cuarta carta comunitaria fue un as, y Kevin dio un pequeño salto, casi imperceptible, en la silla. Con ello, supuse que este as fortalecía su mano y que, probablemente, emparejaba con alguna de sus cartas cubiertas. La quinta carta comunitaria fue una reina. Efectivamente, cuando Kevin mostró sus cartas, pudimos ver dos ases.

Capítulo 8

Muestras de confianza

Parte II. Señales territoriales

La mayoría de las señales territoriales se manifiestan mediante dos tipos de comportamientos relacionados con la distancia: cerca-lejos y expansión-contracción.

La dimensión cerca-lejos

En general, cualquier desviación, en relación con la posición base, que acerque al jugador al centro de la mesa es una muestra de mucha confianza. Por el contrario, cualquier desviación de la posición base que implique una mayor distancia entre el jugador y el centro de la mesa es una señal de poca confianza.

Si piensas en tus interacciones sociales, te darás cuenta de que nos acercamos a aquellas personas que nos resultan agradables y nos distanciamos de las que no nos gustan. Lo mismo sucede en la mesa de póquer: ves que alguien mira sus cartas y, de repente, se acerca más a la mesa. ¿Por qué? Simplemente porque tiene una buena mano. Su cerebro límbico le dice «estás contento», y una de las formas con que reflejamos esa emoción es acercándonos al objeto o persona que la provoca. En las mesas de póquer, he observado este comportamiento miles de veces, aunque muchos jugadores no valoran la importancia de esta señal y asumen que su contrincante simplemente se acomoda en su asiento. ¡No seas uno de ellos!

A veces, puedes observar que el jugador comienza una nueva partida con las manos sobre el borde de la mesa. Después, tras ver sus cartas, mueve las manos ligeramente y las sitúa dentro del tapete verde. Llegan las cartas comunitarias, y, una vez más, las desplaza hacia delante, más cerca del centro de la mesa. Cuando llega la quinta carta comunitaria, ¡hasta los codos están sobre el tapete! Cada nueva carta ha mejorado su mano y ha acercado cada vez más al jugador al centro de aquello que le atrae. Si todavía apuestas con él después de la quinta carta comunitaria, ¡más vale que tengas una mano excelente!

Esto también ocurre en las manos: las acercamos a las cosas que nos gustan y las alejamos de las que no nos gustan. En un reciente torneo, un jugador jugaba con sus fichas; las separaba y las juntaba con los dedos. Pero, cuando salieron las cartas comunitarias, apartó, de repente, las manos de las fichas. Su cerebro límbico le decía «eso es malo», y actuó como era de esperar: se alejó del lugar donde se centraba aquel mal suceso. En otro torneo, un jugador cubría sus cartas con las manos ahuecadas, protegiéndolas como una gata que cubre a sus cachorros. Sobre el tapete aparecieron las cartas comunitarias, tres diamantes, y el hombre retiró las manos de las cartas y las colocó en el borde de la mesa. Cuando en la cuarta carta comunitaria el repartidor sacó otro diamante, el jugador retiró totalmente las manos de la mesa y las puso sobre su regazo. A medida que su juego empeoraba, sus manos se alejaban de la mesa. Una vez más vemos esta tendencia a acercarnos a lo positivo y alejarnos de lo negativo, tanto si se trata de personas como de cartas.

Existe una importante excepción a este comportamiento en las señales territoriales. Sucede cuando un jugador se echa hacia atrás, distanciándose de la mesa (normalmente, una señal de poca confianza), pero combina este movimiento con un ademán de confianza, por regla general cruzando las piernas o entrelazando los dedos de las manos detrás de la cabeza (figura 41). ¡Nunca he visto a un jugador con una mala mano que se echara hacia atrás y pusiera las manos detrás de la cabeza! Este comportamiento está reservado a quienes llevan manos maestras y a jefes que se sientan en posición dominante durante una reunión con sus subordinados.

A veces, estas señales resultan tan estrafalarias que uno podría pensar que son fingidas. En cierta ocasión, en Camp Hellmuth, observé a un jugador que se hallaba a seis mesas de la mía. Cuando salieron las cartas comunitarias, inspeccionó sus cartas,

Figura 41. Entrelazar los dedos de las manos detrás de la cabeza es una muestra de mucha seguridad.

dio un trago a su cerveza, se echó hacia atrás en su silla y puso las manos detrás de la cabeza. Ninguno de los que se hallaban en su mesa prestó atención a su comportamiento. Igualaban y subían la apuesta como si no hubiera ocurrido nada. El jugador tomó otro sorbo de cerveza y mantuvo la misma posición de antes durante toda la mano. Al final, cuando dio la vuelta a sus cartas, tenía cuatro jotas. Yo no podía dejar de preguntarme: «¿Por qué han seguido jugando sus contrincantes? ¿Cómo no han percibido esa señal de seguridad que yo he visto a seis mesas de distancia?». Finalmente, caí en la cuenta: ninguno de ellos comprendió el significado de su comportamiento. Lo vieron, pero no lo descifraron correctamente. ¡Y ésa es la razón por la que escribí este libro!

La dimensión expansión-contracción

En general, cualquier desviación del comportamiento base del jugador que amplíe sus límites territoriales es una muestra de mucha seguridad. Por el contrario, cualquier desviación del comportamiento base que reduzca sus límites territoriales es una muestra de poca seguridad.

Cuando pienso en expansión territorial, siempre me viene a la cabeza la imagen de un padre orgulloso que hincha el pecho. En la mesa de póquer, los jugadores con mucha seguridad tienden a expandirse física y geográficamente. Cuando tienen buenas cartas se alargan: las piernas se estiran, los brazos se extienden sobre la mesa, los codos se alejan del torso, los hombros se ensanchan, y literalmente ocupan una mayor parte de la mesa, como un conductor que pretende acaparar toda la carretera. De hecho, para ganar territorio, algunos inclinan la cabeza a un lado o al otro. Se trata de una señal de mucha comodidad, de mucha seguridad. Seriamente dudo que se pueda tener una mala mano y ladear la cabeza al mismo tiempo. (Si un jugador, tras ver sus cartas, ladea la cabeza, y, de repente, tras las cartas comunitarias, endereza el cuello y yergue la cabeza, ¡puedes sospechar que esas tres cartas no le han hecho mucha gracia!)

Como nuestro sentido de dominio territorial está integrado en nuestro sistema límbico, sólo vemos esta señal en jugadores que tienen una confianza máxima en su mano. Si un jugador la exhibe, no es probable que se le pueda hacer abandonar con un farol.

Después, está la contracción territorial, que, en muchos sentidos, refleja el comportamiento opuesto al movimiento expansivo que acabo de describir. Quienes muestran señales de contracción de poca confianza reducen sus límites territoriales y físicos (figura 42). Un campeón mundial de póquer describió este comportamiento como «marchitarse en la mesa». Cuando los jugadores tienen poca seguridad en sus cartas, encogen los hombros, retraen los codos y su mirada es casi piadosa. Hay un importante jugador en el circuito del torneo mundial de póquer que exhibe fuertes señales de contracción territorial. Cada vez que tiene una mala mano, adopta una postura casi fetal. No puedo decirte quién es porque no sería ético, pero me asombra que siempre muestre este mismo comportamiento, una y otra vez, y que nadie se dé cuenta.

Figura 42. Una mirada retraída y piadosa indica poca seguridad.

Capítulo 9

Muestras de confianza

Parte III. Señales de las manos

Las manos son un componente íntimo del póquer. No sólo se encargan de realizar los contactos más cercanos con nuestros adversarios, sino que alcanzan y manejan los dos objetos más importantes de la mesa: las cartas y las fichas. Para el observador atento, también revelan señales que pueden emplearse para obtener ventaja sobre los demás jugadores. Aunque ya he hablado de algunas de estas señales, en este capítulo abordaré otras nuevas

El triángulo con las manos: una poderosa señal de confianza

Hacer un triángulo con las manos es una de las señales de mayor confianza que puede observarse en la mesa de póquer. Las yemas de los dedos extendidos se juntan y las manos adoptan la forma de un arco: una posición similar a la del rezo, pero sin entrelazar los dedos (figura 43). En Estados Unidos, las mujeres tienden a hacer este gesto más abajo, lo cual dificulta que pueda ser percibido (los hombres suelen hacerlo a más altura). Sin embargo, se trata de un comportamiento no verbal al que hay que estar atento. He visto a cientos de jugadores —profesionales y *amateurs*— comunicar la fuerza de su mano mediante este gesto, incluso en algunos que eran conscientes de la fuerza de esta señal pero que no fueron capaces de ocultarla. Esto se debe a que el sistema límbico la ha convertido en una respuesta tan automática que es difícil de dominar, especialmente cuando la emoción de tener una buena mano hace que el jugador se olvide de controlar sus reacciones.

En aquellos que no son conscientes de que esta posición constituye una poderosa señal, la respuesta puede durar bastante tiempo, particularmente si la mano que llevan mantiene su fuerza a medida que salen nuevas cartas.

Figura 43. Un triángulo instantáneo con las manos, justo después de que hayan salido las cartas comunitarias, es un buen indicador de una mano excelente.

En los jugadores que sí son conscientes de esta señal, pero no pueden evitar hacerla, esto es lo que puedes ver: inmediatamente después de observar una carta (o varias) que da fuerza a su mano, las manos del jugador adoptarán la posición de triángulo como un microgesto. Es una respuesta totalmente límbica, automática y libre del control del pensamiento. (En un sentido metafórico, trata de ver este triángulo como el relámpago que se produce antes del trueno.) Después, cuando entra en acción el neocórtex (el trueno) y el jugador se da cuenta de que ha revelado esta señal, moverá las manos rápidamente y las dejará en una posición neutral; tal vez las frote para evitar que lo descubran sus oponentes.

En una partida reciente del torneo WSOP, un jugador tenía dos ases y en las cartas comunitarias salió otro as. Cuando vio por primera vez las cartas comunitarias, adoptó inmediatamente la posición del triángulo con las manos, y, acto seguido, las ahuecó, las unió y continuó con su juego. Éste es un caso clásico de intento de engaño: te han sorprendido con las manos en el bote de las galletas y tratas de hacerte el inocente tomando el vaso de agua que hay al lado. En el caso de este jugador, puedes estar seguro de que el triángulo con las manos era una reacción sincera porque fue rápida, se produjo como una respuesta directa a las «buenas noticias» que traían las cartas comunitarias y fue seguida de un intento de disimulo (pasar rápidamente del triángulo a ahuecar las manos).

Recordarás que cuando hablé de la observación en el capítulo 1, recalqué que cualquier microgesto suele ser más fiable porque es más sincero: el cerebro límbico reconoce algo y provoca una respuesta «auténtica» antes de que el neocórtex (el cerebro pensante) tome el mando y censure (elimine o modifique) la respuesta.

Unas palabras finales sobre el gesto de las manos en triángulo: algunas personas tienen la costumbre de hacer ese gesto. En estos casos, se trata de la forma en que normalmente colocan las manos y no de una reacción a un estímulo favorable. Necesitarás analizar a tus oponentes para averiguar si ése es el caso. Una vez más, se trata de establecer la línea base de ciertos comportamientos específicos para saber si son señales significativas o no. No es tan difícil como parece. Resulta relativamente fácil distinguir entre quienes hacen el triángulo con las manos inmediatamente después de haberse producido un hecho significativo en la mesa y aquellos que lo hacen aleatoriamente durante el juego y entre mano y mano.

Retorcerse las manos y entrelazar los dedos: señales de poca confianza

Un triángulo con las manos puede ser una señal de mucha seguridad cuando tratas de calcular la fuerza de la mano de tu adversario. Pero ¿qué sucede con el otro extremo del espectro?, ¿hay posturas con las manos que pueden interpretarse como señales de poca confianza? Sí. Cuando los jugadores *se retuercen las manos o entrelazan los dedos*, particularmente cuando lo hacen en respuesta a un acontecimiento significativo en la mesa, exhiben señales de poca seguridad que sugieren que llevan una mala mano (figura 44).

Manos que tiemblan: tus fichas corren riesgo (por lo general)

Nuestro sistema límbico no recibe el nombre de cerebro emocional sin razón. Cuando ve o siente algo deseable o emocionante (como dos ases en las cartas cubiertas), el nivel de entusiasmo sube y puedes ver «mucho tembleque» en la persona afectada. Este comportamiento no verbal es frecuentemente malinterpretado por quienes lo observan. Esto se debe a que la

Figura 44. Retorcerse las manos, después de haber realizado el gesto del triángulo, puede indicar poca seguridad.

mayoría de las personas creen que si a alguien le tiemblan las manos y hace movimientos erráticos es porque le sucede algo malo. Sin embargo, en el póquer es lo opuesto. Cuando ves que alguien trata de alcanzar su montoncito de fichas y, a causa de su temblor de manos, las tira, o mira sus cartas y las manos le empiezan a temblar, normalmente es una fuerte señal de que le ha sucedido algo bueno, como un as y un rey o una pareja alta en sus cartas cubiertas.

Se trata del cerebro límbico que dice «estoy contento», así que las manos vibran. Si este temblor no aparece en las manos, podrá surgir en otra parte del cuerpo, por ejemplo, como un ligero movimiento de pies. De modo que las maniobras erráticas y las manos temblorosas son señales de mucha seguridad que sugieren que tu oponente tiene buenas cartas. Esto es especialmente cierto en el caso de los *amateurs*, que no han aprendido a controlar su euforia cuando obtienen una buena mano, y en casi todos los jugadores cuando están en juego importantes sumas de dinero.

Pero, espera... Antes de que empieces a pensar que todos los gestos erráticos y temblorosos se deben a una buena mano, tengo que hacerte una advertencia: las manos pueden temblar cuando estamos emocionados, aunque también es posible que lo hagan cuando nos sentimos estresados o bajo presión (como cuando tenemos una mala mano y tratamos de hacer un farol). De forma que, ¿cómo reconocer la diferencia? Una vez más, el único modo de hacerlo es interpretar la señal dentro del contexto; considerar las circunstancias en que se produjo.

Analicemos una mano típica y veamos qué podemos descubrir. Observamos a un adversario que mira sus cartas y sus manos están tranquilas. Sin embargo, cuando salen las cartas comunitarias, empiezan a temblar. En este caso, asumiría que tiene una buena mano. Ahora, analicemos la misma situación, pero esta vez las manos del jugador no tiemblan cuando ve las cartas comunitarias, sino después, cuando hace una importante apuesta. En esta situación pensaría que el temblor se debe al estrés que implica hacer el farol. Si esta señal va acompañada de otros comportamientos apaciguadores, como tocarse el cuello o apretar los labios, estaría todavía más convencido de que el temblor se debe al estrés (y no a una fuerte seguridad). Obviamente, si las manos del jugador tiemblan después de ver las cartas *y* cuando apuesta, deduciría que tiene una buena mano y mucha seguridad.

Por lo general, el temblor de manos que comienza o aumenta inmediatamente después de que el jugador haya visto una nueva carta (o cartas) indica cartas fuertes y mucha seguridad, mientras que el que empieza inmediatamente después de que se haya producido otro tipo de hecho significativo en la mesa —normalmente cuando el jugador con manos temblorosas o sus oponentes apuestan— es muy probable que se deba al estrés. Sin embargo, esta regla también tiene excepciones. Por ejemplo, supongamos que un jugador recibe dos ases al principio y decide que tan sólo igualará la apuesta. Las manos no le tiemblan cuando mira sus cartas, sino cuando hace su pequeña apuesta. Puesto que hay poco dinero en juego, en este caso sospecharía que el temblor se debe a una buena mano y no al estrés. Por supuesto, trataría de detectar otro tipo de señales que me ayudaran a verificar mi asunción. Mientras tanto, en esas circunstancias, subiría la apuesta para lograr una lectura más precisa de su comportamiento.

Como siempre que tratamos de determinar el valor de las señales, necesitas hacer previamente una lectura del comportamiento base de la firmeza de las manos de tu oponente, de forma que puedas advertir los cambios significativos en el movimiento de éstas. A pocos jugadores les tiemblan las manos durante toda la sesión de póquer, pero existen diferencias individuales en estas manifestaciones físicas que necesitas tener en cuenta para calcular el verdadero significado de los movimientos erráticos o del temblor de manos. Cualquier temblor que comience o se detenga de repente, o que difiera marcadamente del comportamiento base, debe ser examinado en profundidad. Considerar el contexto en que se ha producido y cualquier otra señal que pueda apoyar la interpretación que se ha hecho mejorará tu habilidad para leer correctamente a una persona.

De tal mano, tales fichas

Las manos tal vez no sean tan rápidas como los ojos, pero pueden moverse a bastante velocidad cuando se trata de alcanzar las fichas con el propósito de apostar. La pregunta que surge es: ¿a qué velocidad alcanza un jugador sus fichas una vez que ha visto sus cartas y está preparado para apostar? La respuesta es que cuanto más rápido sea el movimiento para alcanzar las fichas, tras ver las cartas, mayor será la probabilidad de que su mano sea fuerte. Los jugadores *amateurs* exhiben esta señal con más

Figura 45. Los pulgares hacia arriba indican que el jugador tiene confianza en sí mismo.

Figura 46. Los pulgares que desaparecen dentro de los bolsillos o de la cinturilla del pantalón son un indicativo de una mala mano.

frecuencia, mientras que los experimentados no suelen hacer este tipo de movimientos tan evidentes. Esta señal suele ser más auténtica cuando el jugador debe hacer su apuesta inmediatamente después de ver sus cartas; en otras palabras, cuando es el primero en actuar (el primero en apostar). Después, cuando cada jugador hace su apuesta por turno, la necesidad inmediata de alcanzar las fichas ya no es un asunto relevante.

Una señal más sutil, y que tiene significado incluso cuando el jugador no es el primero en apostar, tiene que ver con cualquier movimiento en dirección a las fichas después de ver las cartas. En este caso es muy importante conocer el comportamiento base, pero si el jugador normalmente no mueve la mano en dirección a las fichas excepto cuando apuesta, puedes sospechar que ese comportamiento representa una señal de mucha confianza.

Dos pulgares hacia arriba: una mano de póquer que ha mejorado

Por lo general, cuando alguien hace el gesto de los pulgares hacia arriba es porque le ha sucedido algo bueno; y esto también es válido para la mesa de póquer. ¿Te has fijado alguna vez cómo los médicos o los abogados agarran las solapas de sus chaquetas con los pulgares hacia arriba? Se trata de una señal de mucha confianza. En la mesa de póquer, esta señal se exhibe de una manera diferente, pero no por ello menos significativa. Existe una señal de mucha confianza que implica entrelazar los dedos (que normalmente expresa poca confianza) y mantener los dos pulgares hacia arriba (figura 45). Es una señal que se puede ver a dos o tres mesas de distancia, y que dice: «¡Tengo una buena mano!». Por regla general, nadie se sienta con los pulgares hacia arriba, de modo que cuando alguien lo hace, uno puede estar relativamente seguro de que se trata de una señal significativa que es necesario tener en cuenta para decidir el siguiente movimiento en la partida.

Hacer girar los pulgares es otro movimiento de manos que indica mucha seguridad. ¿Y qué sucede con las señales de poca confianza relacionadas con los pulgares? Los jugadores que los meten dentro de los bolsillos o de la cinturilla del pantalón pueden exhibir una señal de poca confianza (figura 46). Una vez más, es importante conocer el comportamiento base de los pulgares para establecer la validez del gesto. Normalmente, los jugadores los colocan en una posición neutral, ni hacia arriba ni hacia abajo. Por consiguiente, cualquier elevación o desaparición de los pulgares deberá ser cuidadosamente considerada.

Capítulo 10

Muestras de confianza

Parte IV. Señales de la boca

En el capítulo 4, señalé que los pies son la parte más sincera del cuerpo, pues reflejan nuestros verdaderos sentimientos con mucha fiabilidad. El rostro, por el contrario, es la menos honesta, a pesar de ser la parte más expresiva de nuestra anatomía. Esto significa que hemos de tener mucho cuidado de no sacar conclusiones basándonos en indicios faciales, puesto que pueden tratarse de comportamientos engañosos. Ten presente que mucha gente a menudo oculta sus emociones, con lo que resultan más difíciles de leer si no estamos acostumbrados a observar con atención. Por ejemplo, sin duda alguna no queremos expresar euforia cuando llevamos una mano ganadora. De modo que, en esas circunstancias, tratamos de disimular nuestra alegría y entusiasmo. Además, los indicios faciales son tan fugaces —únicamente microgestos—

que resultan difíciles de advertir. Finalmente, los gestos faciales normalmente pasan inadvertidos porque nos han enseñado a no mirar fijamente o porque nos centramos demasiado en lo que se dice, en lugar de en *cómo* se dice. Sin embargo, a pesar de este llamamiento a la cautela, existen algunas señales fiables y dignas de mención que podemos percibir al observar ciertas partes del rostro. Y nuestra primera área de interés es la boca.

Una falsa sonrisa y una señal auténtica

Desde hace más de un siglo los científicos saben que los humanos tenemos dos tipos de sonrisa: una falsa y otra real. La sonrisa falsa la empleamos en situaciones sociales cuando no nos sentimos emocionalmente cerca de aquellos que nos rodean. Reservamos la sonrisa auténtica para quienes de verdad nos importan. De hecho, los bebés de apenas unas semanas ya reservan su sonrisa auténtica para sus madres y utilizan la falsa para los demás.

Con el tiempo, los investigadores han descubierto que la sonrisa auténtica aparece en el rostro gracias a dos importantes músculos, el cigomático mayor y el orbicular de los ojos. Ambos trabajan juntos para llevar las comisuras de los labios hacia arriba y hacia los ojos, provocando las patas de gallo. Ambos músculos intervienen en la sonrisa cálida y sincera (figura 47).

Cuando desplegamos una sonrisa falsa, las comisuras de los labios se estiran hacia los lados mediante un músculo llamado risorio. Este músculo tira de las comisuras de los labios hacia los lados, pero no puede elevarlos como sucede con la sonrisa auténtica (figura 48).

Cuando experimentamos emociones negativas, la sonrisa auténtica resulta difícil de fingir. Según los investigadores, si nos sentimos infelices es muy improbable que podamos sonreír totalmente (la sonrisa auténtica) usando tanto el cigomático mayor

Figura 47. Advierte que una sonrisa auténtica involucra al ángulo externo del ojo: una manifestación sincera.

Figura 48. La sonrisa falsa tira de los labios en dirección a las orejas: baja confianza y engaño.

como los orbiculares de los ojos. Esto nos lleva a hablar de las sonrisas falsas y verdaderas en la mesa de póquer.

Hay una señal clásica que observo con frecuencia cuando se hacen las apuestas. Un jugador de la mesa va de farol y un adversario lo desafía con un comentario como: «¿Qué tienes ahí? Apostaría a que no pasa de un siete y un rey». Quien va de farol quiere hacer creer a su contrincante que está equivocado y que tiene una mano fuerte. Y lo hace mediante una sonrisa instantánea con la intención de mostrar fuerza, pero se trata de una sonrisa parcial, falsa, y no una sonrisa completa, auténtica. Recuerda que es muy difícil ofrecer una sonrisa completa cuando te sientes infeliz, de modo que puedes asumir que ese jugador, asustado de que descubran su farol, probablemente no se sienta muy contento en ese momento. Normalmente, las sonrisas falsas que exhiben los jugadores son muy cortas; pero al observador entrenado le resulta fácil detectarla y reconocerla como lo que es: una aseveración de que tiene un farol. Cuando alguien tiene realmente una buena mano, responde al sondeo verbal de su oponente con una sonrisa completa y expresiva.

El ejemplo de la señal de sonrisa falsa que acabo de describir te recordará por qué recomiendo no comunicarse con el resto de los jugadores en la mesa de póquer, particularmente durante el curso de la mano. Si un jugador te pregunta por la fuerza de tus cartas, simplemente ignóralo. No te encojas de hombros, no sonrías, no le respondas verbalmente —sólo oculta, no reveles tu posición en la mesa y deja que el juego prosiga—. No parecerás muy sociable, pero tu juego resultará probablemente más lucrativo.

Los labios apretados equivalen a estrés; los labios llenos indican una buena mano

Cuando alguien está enfadado, afligido, frustrado o consternado, tiende a apretar los labios, comprimirlos o hacerlos desaparecer. El cerebro límbico nos ordena apretar los labios con el objetivo de que nos cerremos y no permitamos que entre nada en nuestro cuerpo. Los labios apretados son un fuerte indicativo de auténticos sentimientos negativos que se manifiestan vivamente a tiempo real. Este gesto raramente tiene una connotación positiva; por el contrario, es una clara señal de que la persona está preocupada. Algo anda mal. En la mesa de póquer, los labios apretados nos indican que al jugador no le gusta algo que ha sucedido durante la partida (figura 49). Si el jugador, tras mirar sus cartas, aprieta rápidamente los labios, puedes estar seguro de que algo no va bien, porque sólo hacemos este gesto en esas circunstancias. De forma que podríamos asumir que el jugador tiene una mala mano.

Considera el siguiente ejemplo: un jugador hace su apuesta, uno de sus adversarios la sube y él presiona los labios. Una vez más, podemos asumir que no deseaba que esto sucediera. Está

Figura 49. Apretar los labios es un fuerte indicador de estrés y poca seguridad.

Figura 50. Retraer los labios es indicativo de que el estrés se mantiene.

decepcionado. La pregunta es: ¿por qué está decepcionado? ¿Es posible que vaya de farol y ahora tiene un problema? O, tal vez, con su farol planeaba quedarse con el bote de la primera ronda de apuestas y no se podía imaginar que subirían su apuesta. O quizá se siente desanimado porque igualar la subida le va a costar más de lo que pretendía invertir en esa mano. Lo único que sabemos con certeza es que la subida ha molestado al jugador, de forma que tenemos que buscar otras señales para averiguar por qué se siente tan estresado.

En la mayoría de las ocasiones, el hecho de observar que los labios desaparecen en el rostro de uno de nuestros oponentes es un buen presagio para nosotros, especialmente si esta señal tiene lugar justo después de que haya visto las cartas (figura 50).

Por el contrario, sí debemos preocuparnos cuando vemos que un oponente muestra unos labios llenos (en lugar de apretados). Esto es así porque cuando las cosas van bien, los labios «salen hacia fuera». El sistema límbico dice: «Llena los labios de sangre». Deberás ser especialmente cauteloso si ves que un jugador pasa de apretar los labios a mostrarlos totalmente llenos (figura 51). Algo que acaba de suceder ha hecho que se sienta mucho mejor (asegúrate de que no se trate de tus fichas en su montoncito al final de la mano).

Algunas señales de los labios, la lengua y los dientes

¿Qué clase de mano crees que tendrá un jugador si, mientras espera para ver qué van a hacer sus oponentes, se muerde las uñas? Aquí tienes una pista: morderse las uñas es un indicador de estrés (figura 52). Y la respuesta es que cuando alguien se muerde las uñas en la mesa de póquer, incluso durante unos segundos, es

Figura 51. Presta atención a los labios, pues son indicadores del nivel de estrés: labios normales.

Figura 52. Morderse las uñas es una señal de poca confianza.

Figura 53. Morderse los labios es un indicador de estrés y preocupación.

porque lleva una mano mediocre. Todavía no he visto una sola persona que exhiba ese comportamiento con una buena mano.

Por supuesto, esta señal de morderse las uñas no será tan útil si la persona ya tiene el hábito de hacerlo. Sin embargo, incluso estos individuos deberían ser candidatos a una observación más atenta si la intensidad o la frecuencia con que lo hacen se desvían de su comportamiento base.

Cuando un jugador exhibe, además, otro tipo de señales con la boca asociadas al estrés, como morderse los labios, tocarse la boca o la nariz, lamerse los labios o morder un objeto, refuerza en el observador atento la sospecha de que tiene poca confianza en su mano, que probablemente será pobre (figuras 53, 54, 55, 56 y 57). Cuando los jugadores se tocan o se lamen los labios mientras sopesan sus opciones, particularmente si tardan mucho en decidir su apuesta cuando es su turno, normalmente es porque tratan de decidir si les merece la pena jugar su mano. Con

Figura 54. Nos tocamos la nariz cuando tratamos de calmarnos para enfrentarnos a una situación estresante.

Figura 55. Tocarse la boca es una buena forma de aliviar el estrés producido por una mano mediocre.

Figura 56. El gesto de lamerse los labios nos ayuda a calmarnos cuando estamos preocupados.

Figura 57. Morder objetos —tanto un dedo como un lápiz— nos ayuda a apaciguar nuestras preocupaciones y miedos.

frecuencia, son vulnerables al juego enérgico de sus adversarios, y por lo general abandonan la mano ante una subida agresiva.

Las señales del habla en situaciones de fuerza y debilidad

Algunos de vosotros os preguntaréis por qué incluyo un apartado que trata del habla en un libro sobre señales no verbales. Esto se debe a que los comportamientos no verbales también abarcan *la forma* en que se habla; por ejemplo, el timbre, la velocidad, la fluidez y la duración del discurso. Lo que se dice, por el contrario, no nos preocupa.

Algunos estudios científicos han llegado a la conclusión de que cuando nuestro nivel de confianza en nosotros mismos es alto, nuestro discurso se vuelve fluido. La baja confianza, por otra parte, está marcada por un discurso entrecortado, un tono más agudo o un comportamiento verbal más lento (flemático) de lo normal. Anteriormente hablé de cómo Phil Hellmuth supo que un jugador iba de farol con sólo hacerle una pregunta y escuchar su voz mientras le respondía. Siempre puedes utilizar esta técnica de formular una pregunta para detectar señales en tu adversario. No todos te responderán, y aquellos que lo hagan no siempre exhibirán una señal, pero es una forma más de tratar de sondear a tus contrincantes sobre sus intenciones y el valor de sus cartas. Sin embargo, recuerda no responder tú a sus preguntas para no revelar información clave sobre tu propia mano y estrategia de juego. Además de esto, ten tus fichas bien visibles y apiladas según su color, de forma que si alguien pide un recuento de fichas puedas darle una respuesta concisa sin tener que usar las manos (con un simple vistazo será suficiente) o hacer un recuento verbal innecesario que ofrecería señales a tus adversarios.

La señal universal de quien se ha salido con la suya

En mi último ejemplo de señales con la boca, me gustaría que probaras a hacer lo siguiente: primero, lámete los labios. Se trata de un comportamiento apaciguador (hablaré de ello en el capítulo 12) y normalmente tiene lugar cuando la persona se halla estresada. También lo hacemos cuando estamos concentrados en algo, como durante una cena sabrosa en un buen restaurante. Ahora, quiero que saques la lengua entre los dientes sin que toque los labios. Es un movimiento muy rápido —la lengua sale entre los dientes y vuelve hacia dentro en una fracción de segundo—, casi como cuando una serpiente mueve la lengua. Espero que puedas advertir la diferencia entre estos dos gestos (figura 58).

Llamo a este segundo gesto «lengua que sobresale». En mis viajes alrededor del mundo he podido observarlo en muchos

Figura 58. La lengua que sobresale es un buen indicador de que la persona acaba de salirse con la suya.

países, pero siempre con el mismo significado: «¡Me he salido con la mía!».

Una vez que aprendas a detectar este gesto, te podrá resultar de gran ayuda en cualquier situación en la que tengas que competir o negociar. Para demostrártelo, permíteme darte un ejemplo personal.

Hace algunos años, cuando buscaba un coche en Tampa, donde vivo, fui a un concesionario y le dije al vendedor:

—Esto es lo que estoy dispuesto a pagar por el coche.

Discutió el precio durante un rato, y finalmente dijo algo así:

—Bueno, déjame hablarlo con el gerente.

Se marchó en busca del gerente, y yo salí de su oficina para caminar un poco y estirar las piernas. Unos minutos más tarde, pude ver cómo el gerente y el vendedor hablaban detrás de un tabique de cristal. No podía oír qué decían, pero pude verlos... y observé que el vendedor sacó rápidamente, y de un modo inconfundible, la lengua entre los dientes cuando terminó de hablar con el gerente y antes de ir a buscarme.

Regresé a la oficina del vendedor y esperé a que llegara. No tardó mucho. Apareció por la puerta y dijo:

—El gerente está de acuerdo conmigo en que el precio que le he ofrecido es el mejor que podemos hacerle.

—Entonces, ¿ésta es la mejor oferta que pueden hacerme? —pregunté.

—Sí —respondió.

—¿Y es su oferta final? —dije con un tono de voz que animara a aclarar las cosas.

—Sí —afirmó moviendo la cabeza—. Es el mejor precio que podemos hacerle.

—Bien, entonces muchas gracias —anuncié. Me levanté de la silla, salí de la oficina y me dirigí a la puerta principal. Cuando llegué a la salida, oí mi nombre y una palabra:

—¡Espere!

El vendedor me animó a regresar a su oficina y me informó de que podía reducirme 1.700 dólares de la supuesta mejor oferta, la cual, dicho sea de paso, sólo superaba en 86 dólares al precio que estaba decidido a pagar. ¿La moraleja de esta anécdota? Merece la pena conocer el precio más bajo que se puede pagar por un modelo de coche, ¡y también saber que cuando un vendedor saca la lengua entre los dientes durante un instante es porque trata de salirse con la suya!

Observar este gesto en la mesa de póquer puede ser muy importante, porque posiblemente te aporte una valiosa información. Por ejemplo, imagina que una jugadora en la primera ronda, antes de que se repartan las cartas comunitarias, apuesta una cantidad mínima o se limita a igualar a pesar de tener una mano excelente, con la idea de que los demás jugadores se animen a subir, y por consiguiente hagan crecer el bote, y al mismo tiempo ella pueda ocultar la fuerza de su mano. Inmediatamente después de haber hecho su primera apuesta, el siguiente jugador la iguala o la sube, y ella saca la lengua entre los dientes durante un segundo. Si eres uno de los últimos jugadores en apostar y has visto ese gesto, ya sabes lo que piensa, y probablemente sea un momento para olvidarte... de tu mano.

Aquí tienes otro ejemplo de cómo advertir este gesto puede resultarte de ayuda. Imagina que un jugador sube tu apuesta de forma que te ves obligado a abandonar la mano. En el momento en que pone las fichas en el centro de la mesa, observas que saca la lengua entre los dientes. ¿Qué hay de bueno en eso si él ya tiene tu dinero? Es verdad, pero te acabas de dar cuenta de que piensa que se ha librado de algo, así que puedes asumir que te ha echado de la mano con un farol. Puedes contar con esa información para ahorrarte dinero o ganarlo en una próxima mano, especialmente si buscas en su comportamiento señales que te indiquen que va de farol la próxima vez que te enfrentes a él en una apuesta.

Este gesto con la lengua puede ser una señal muy útil cuando se juegan pequeñas cantidades en mesas donde sólo un jugador gana (torneos satélite). Imagina una situación en la que te encuentras entre los tres jugadores finalistas de la mesa. Uno de ellos sugiere repartir el bote y tú, tímidamente, aceptas y dices:

—Puede estar bien.

Pero después buscas en los jugadores alguna señal con la lengua. Si descubres que alguno saca brevemente la lengua entre los dientes, puedes añadir:

—Pensándolo bien, no estoy de acuerdo con esa forma de repartir el bote –y ofrecer una sugerencia.

Finalmente, recuerda que las señales con la lengua pueden ser muy útiles en la mesa de póquer, incluso si no estás implicado en la mano. Esto se debe a que este gesto revela mucho sobre los jugadores, las diferentes estrategias que usan y los riesgos que corren cuando tratan de ganar una mano. Con esta información, tal vez te conviertas en el siguiente que hace ese gesto... ¡Pero recuerda hacerlo cuando nadie te vea!

La señal hablada del maestro

Joe da en el clavo cuando afirma que el discurso de una persona puede revelar poderosas señales al oyente atento. Ése es el motivo por el que me gusta que la gente hable cuando apostamos. Por ejemplo, si alguien apuesta una importante cantidad, inmediatamente le pregunto: «¿Cuántas fichas te quedan?». Eso lo obliga a mirar sus fichas, a contarlas o a hacer otros movimientos con las manos y el cuerpo. Hacer que mis adversarios se muevan o hablen me da la oportunidad de detectar señales que revelen la fuerza o debilidad de sus cartas. Un ejemplo de esta estrategia tuvo lugar durante el campeonato de *Hold'em* sin límite de 2002 en el salón de la fama.

En la primera apuesta, entre 50 y 100 dólares, sobre la base de las cartas cubiertas, sucedió lo siguiente. Hice una apuesta mínima de 100 dólares (era el primer jugador en apostar) con Kc-8c. Howard Lederer (*El maestro*) igualó la apuesta, al igual que otros jugadores. Las cartas comunitarias fueron Kc-8c-3c, y pensé: «¡Genial!, ¡tengo dos parejas altas!». Aposté 400 dólares y Howard igualó. Después, otro jugador apostó todo, un total de 775 dólares. Cuando el resto de los jugadores abandonaron, pensé rápidamente dos cosas: la primera era que no sabía si podía subir, puesto que mi apuesta fue de 400 y la subida sólo de 375 dólares más, pero pensé que sí podría; la segunda era que no quería preguntar si podía subir la apuesta y permitir así que Howard conociera la fuerza de mi mano. De modo que, cuando me llegó el turno, me limité a igualar la subida de 375 dólares, y traté de parecer débil y poco interesado en el bote. Quería que pensaran que sólo tenía una pareja alta y algo de poco valor, como K-6 del mismo palo o A-8. De hecho, hubiera igualado 375 dólares más con cualquier pareja o mano razonable, y supe que Howard sabía que era así. Quería que *El maestro* subiera para que yo pudiera después apostarlo todo y llevarme un buen bote. Mi forma de igualar, rápida y despreocupada, había preparado la trampa perfecta para él.

Howard preguntó si podía subir —yo trataba de parecer desinteresado en lo que sucedía— y un jugador le respondió: «Sí, puedes subir, puesto que la subida anterior sólo representó la mitad de la apuesta original». Yo pensaba: «¡Por favor, sube!». Howard anunció que subía y comenzó a toquetear sus fichas. Entonces, se me hizo la boca agua: Howard iba a subir, yo lo apostaría todo y me lo cargaría. Treinta segundos después —mucho tiempo en el mundo del póquer—, Howard anunció: «Apuesto todo, 7.300 dólares más». Rápidamente conté mis fichas con la intención de igualar su apuesta, cuando, de repente, pensé: «No necesitas precipitarte; analiza a Howard un momento».

Ahora no podía abandonar, pero ¿y si Howard tenía 3-3 u 8-8? Necesitaría un rey en caso de que él tuviera, digamos, 8-8. Cuanto más me centraba en mi contrincante, más temía que tuviera un trío. Intuitivamente, cuando lo estudié, supe que tenía una mano muy fuerte. Howard no solía jugar manos como K-x, y no era probable que tuviera dos parejas como K-3. Después, recordé que Howard había pensado en subir la apuesta antes de que salieran las cartas comunitarias, lo cual me hizo pensar que tenía 3-3, 8-8 o incluso A-A.

De modo que comencé a hablar, tratando de enviar el mensaje de que tenía las dos parejas más altas (no podía mostrar mi mano como en los viejos tiempos, ni siquiera decirle lo que tenía si no quería que me penalizaran). ¿Cómo reaccionaría Howard si conociera la fortaleza de mis cartas? Cuando anuncié que tenía una mano muy fuerte, me dijo:

«¿Qué tienes?, ¿Ad-3d?». Esa pregunta no me gustó y respondí: «Eso es lo que me parece que tú tienes». Su mirada me pilló por sorpresa. Ahora estaba convencido de que Howard no tenía Ad-3d, y su frase me confirmó que debía abandonar la mano. Con mi lectura pude averiguar que Howard tenía una mano muy fuerte, y al hacerle saber (verbalmente) que yo tenía una mano excelente, pude advertir que deseaba que lo igualase (no mostró ninguna señal de temor). Si Howard no me hubiera dicho nada, probablemente habría igualado su apuesta con mi doble pareja.

Anteriormente, incluso le había dicho que leería a todos en la mesa. De modo que tenía que abandonar, pero tardé un rato en convencerme a mí mismo de que esa absurda rendición tenía sentido. No puedo estar totalmente seguro, pero creo que nunca antes había abandonado una mano con dos parejas tan altas y unas cartas comunitarias tan débiles.

Howard podía tener A-A, A-K, K-Q o Ad-3d (aunque descarté esto último cuando comenzó a hablar), pero pude leer que su mano era extremadamente fuerte. Finalmente —decidirme me llevó más de cinco minutos (¡pido perdón a mis compañeros de mesa!)—, lancé mis cartas boca arriba y dije: «¡Me retiro!».

Otro jugador que se encontraba en la mesa, Chris Bjorin, dijo en voz alta: «¡Ésta es la peor rendición que he visto en mi vida». Howard mostró su 3-3 y Chris apenas podía dar crédito. De hecho, dijo después que aquella era una de las *mejores* rendiciones que había visto en su vida. Y todo esto sucedió porque un maestro enseñó demasiado. De modo que cuando Joe sugiere que hablar lo mínimo es una buena estrategia en la mesa de póquer, nos da un buen consejo.

Capítulo 11

Muestras de confianza

Parte V. Señales de los ojos

De los ojos se ha dicho que son las ventanas de la mente, de modo que tal vez debamos echar un vistazo a estos dos portales para vislumbrar alguna señal valiosa. Algunas personas no se fían de la información obtenida mediante el estudio de la zona visual del rostro porque, como dice sabiamente la canción *Your Lyin' Eyes* (tus ojos mentirosos), tienen mucha capacidad de engaño. Sin embargo, cuando se trata de revelar emociones positivas o negativas, los ojos pueden convertirse en un barómetro muy preciso de nuestros sentimientos porque tenemos muy poco control sobre ellos. De modo que examinemos algunos comportamientos visuales específicos que pueden ayudarnos a detectar señales fiables y sinceras en la mesa de póquer.

Bloqueo visual: lo que no es adecuado para ver

Nuestros ojos, de un modo más extraordinario que cualquier cámara, han evolucionado hasta convertirse en el principal medio por el que recibimos la información del mundo que nos rodea. También son lo primero que bloqueamos para evitar que la información externa entre en nosotros. Este comportamiento de censura recibe el nombre de *bloqueo visual* y es un mecanismo de supervivencia que ha evolucionado para proteger el cerebro de imágenes indeseables.

El bloqueo visual se produce con tanta frecuencia y de formas tan diversas que la mayoría de la gente no es consciente de él o ignora su importante significado. Realizamos bloqueos visuales cuando cerramos los ojos o los cubrimos con el pulgar y el índice. Algunos colocan la mano ahuecada directamente sobre ellos, o incluso ponen algún objeto delante del rostro para evitar recibir información no deseada.

Figura 59. Bloqueo visual mediante cierre de párpados para mantener alejadas las malas noticias.

Figura 60. Otra forma de bloqueo visual: bloqueo con los dedos.

Piensa en algún momento en que alguien te haya dado una mala noticia. Tal vez no te diste cuenta, pero, probablemente, mientras escuchabas la información, cerraste los párpados durante unos instantes.

Este tipo de comportamiento es muy antiguo y está muy integrado en nuestro cerebro; incluso los bebés lo hacen de manera innata dentro del vientre materno cuando oyen sonidos muy altos. Durante nuestra vida, practicamos continuamente esta respuesta de bloqueo visual, la cual, en realidad, ni bloquea nuestros pensamientos ni lo que oímos. Y, sin embargo, no dejamos de hacerla, sin más motivo que, tal vez, darle un respiro al cerebro o comunicar nuestros sentimientos más profundos. El cerebro todavía nos empuja a realizar este gesto, ya sea para protegernos o para comunicar nuestros sentimientos (figuras 59, 60, 61 y 62).

Personalmente, he usado los comportamientos de bloqueo visual como «señales» en mi trabajo en el FBI. En un caso de asesinato, hicimos una serie de preguntas a un sospechoso. Cada

Figura 61. Otra forma de bloqueo visual: bloqueo con la mano.

Figura 62. Otra forma de bloqueo visual: visera con los dedos.

pregunta comenzaba de la misma forma: «Si hubieras cometido este crimen, ¿habrías usado un...?» Y añadíamos cada vez un final distinto, enumerando así las diferentes armas que podrían utilizarse para asesinar a alguien. De manera que, por ejemplo, la primera pregunta fue: «Si hubieras cometido este crimen, ¿habrías utilizado un machete?». Y a esta pregunta le seguía una nueva: «Si hubieras cometido este crimen, ¿habrías utilizado un palo?». Formulamos así otras preguntas con diferentes armas: un bate, un punzón para picar hielo y un martillo. Después de cada pregunta, el sospechoso debía responder. Los detalles sobre el arma utilizada en el asesinato no habían sido revelados al público, de modo que sabíamos que para el inocente todas las armas tendrían el mismo valor o «potencial de amenaza», pero no para el culpable. Para la persona que había cometido el crimen, sólo un arma sería percibida como una amenaza: aquella que había empleado para cometer el crimen. Cuando el sospechoso escuchó la pregunta que incluía el término «punzón para el hielo», bajó los párpados con fuerza y los dejó en esa posición hasta que le formulamos la pregunta con la siguiente arma de la lista. Con aquel gesto supimos que aquel individuo era el asesino, porque el punzón para picar hielo era, efectivamente, el arma del crimen. Su bloqueo visual lo delató, y más adelante su confesión selló su suerte.

Otra ocasión en la que una señal de bloqueo visual ayudó a resolver un caso tuvo lugar en Puerto Rico, donde se incendió un hotel a consecuencia de un conflicto laboral. Un guardia de seguridad fue investigado inmediatamente. Mediante unas preguntas específicas sobre dónde se encontraba antes de que se produjera el incendio, dónde estaba durante el incendio y si había sido él el responsable del fuego, pudimos descubrir que no tenía nada que ver con el suceso. Sus ojos sólo se bloquearon con una pregunta: «¿Dónde estabas antes de que comenzara el incendio?». Aquello nos mostró que había algo que no le gustaba de esa pregunta, algo que percibía como una amenaza. De modo que le formulamos más preguntas relacionadas con ese asunto, y, finalmente, admitió que había abandonado su puesto para ir a ver a su novia, que también trabajaba en el hotel. Lamentablemente, los incendiarios aprovecharon su ausencia para entrar en la zona que él estaba encargado de vigilar y provocaron el incendio.

No necesitas ser agente del FBI ni un experto para sacar partido a las señales de bloqueo visual en la mesa de póquer. Simplemente tienes que estar atento a ese comportamiento, pues con frecuencia es una reacción rápida que puede pasar inadvertida si no se observa con cuidado.

Puesto que el bloqueo visual a menudo va asociado a cosas que no nos gustan, podemos asumir que, en la mesa de póquer, son señales de poca confianza. Como ocurre con muchas otras señales, la reacción de bloqueo visual es más fiable y valiosa cuando tiene lugar dentro del contexto apropiado: inmediatamente después de que se produce un suceso significativo en la mesa. Por lo tanto, un jugador que realiza un bloqueo visual justo después de ver sus cartas o las cartas comunitarias, o tal vez a continuación de que otro jugador suba la apuesta, revela una valiosa información que deberás tener en cuenta a la hora de jugar tu mano.

Mirar las fichas

En el capítulo anterior describí una señal relativamente bien conocida: cuando un jugador ve sus cartas y, después, rápidamente, toma sus fichas, exhibe una muestra de mucha confianza que nos indica que está satisfecho con sus cartas y probablemente subirá la apuesta. Existe un equivalente visual a esta señal. El hecho de que un jugador vea sus cartas y enseguida mire sus fichas es, por lo general, una muestra de mucha confianza que nos indica que está satisfecho con sus cartas y planea jugar la mano. El factor clave aquí es el intervalo de tiempo que pasa desde que mira sus cartas hasta que ve su montón de fichas. Cuanto menor sea ese intervalo de tiempo, mayor es la probabilidad de que se trate de una señal auténtica. Además, en el caso de un jugador que nunca (o raramente) mira sus fichas, a menos que trate de apostar, el hecho de advertir cuándo lo hace puede ofrecerte una información muy significativa. Para que esta valoración sea precisa, necesitas una lectura previa del comportamiento base de tus oponentes, para saber quiénes suelen mirar las fichas y quiénes no.

La dilatación sugiere entusiasmo; la contracción, aflicción

Aquí tienes una verdad poderosa y simple: cuando nos gusta algo, las pupilas se dilatan; cuando no, se contraen. No tenemos ningún control consciente sobre las pupilas, que responden tanto a los estímulos externos (por ejemplo, cambios en la intensidad de la luz) como a los internos (por ejemplo, pensamientos) en una fracción de segundo: una reacción que fácilmente puede pasar desapercibida. Estos comportamientos visuales son muy útiles, pero la mayoría de la gente no los busca, los ignora o, cuando los advierten, subestiman su utilidad. Además, el hecho de que la pupila sea pequeña y que los ojos oscuros sean más difíciles de leer que los claros no facilita las cosas.

¿Qué sucede con los cambios en las pupilas durante las partidas de póquer? Si puedes advertirlos, te proveerán una información precisa y valiosa sobre tus oponentes: mientras los jugadores leen sus cartas, tú querrás leer sus ojos. Si les gusta lo que ven, sus pupilas se dilatarán (el iris de los ojos se hará más pequeño). Si no están contentos con sus cartas, las pupilas se contraerán (figuras 63 y 64). Es más fácil advertir estos cambios en las personas con ojos verdes o azules, y, por supuesto, aquellos jugadores que llevan gafas de sol hacen que esto resulte imposible, y ésa es una de las razones por las que las gafas oscuras abundan cada vez más en las mesas de póquer.

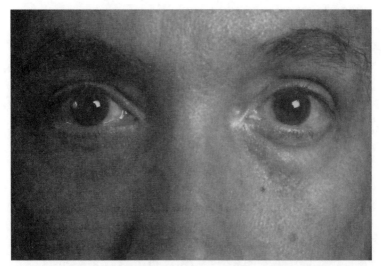

Figura 63. La contracción de la pupila indica estrés o aversión.

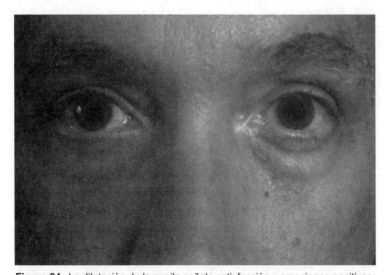

Figura 64. La dilatación de la pupila señala satisfacción y emociones positivas.

Si tu visión es lo suficientemente aguda, podrás advertir la dilatación y la contracción de las pupilas de tus adversarios más próximos, pero no te olvides de hacer una lectura previa del comportamiento base de sus pupilas. Se trata de buscar variaciones, con respecto al tamaño normal de las pupilas, en respuesta a los sucesos que tengan lugar en la mesa de póquer. No olvides que la contracción y dilatación de las pupilas también puede deberse a factores que no están relacionados con el juego —variaciones en la intensidad de la luz, enfermedades o fármacos—, y esos cambios podrían despistarte si no eres consciente de que pueden tener diferentes causas.

Más allá de las señales de las pupilas: ojos entrecerrados y ojos como platos

Cuando las pupilas no se contraen lo suficiente por sí mismas, tendemos a entrecerrar los ojos inconscientemente cuando algo o alguien no nos gusta. Recientemente, paseaba con mi hija cuando nos encontramos con alguien que ella conocía. Mi hija entrecerró los ojos e hizo un pequeño gesto con la mano a modo de saludo. Le pregunté quién era, pues sospeché que algo negativo había sucedido entre las dos. Me contestó que era una compañera del instituto con la que había tenido unas palabras en el pasado. El saludo con la mano era una convención social; los ojos entrecerrados, por el contrario, una sincera y reveladora muestra de emociones negativas y aversión (que duraba siete años). Mi hija no era consciente de que, al entrecerrar los ojos, revelaba sus verdaderos sentimientos sobre aquella chica. Pero esa información destacó como la luz de un faro para mí.

Esto mismo también sucede en la mesa de póquer. Cuando un jugador entrecierra los ojos después de mirar sus cartas, exhibe, normalmente, una señal de poca seguridad que indica insatisfacción con lo que ha visto. Puede no ser en absoluto consciente

Figura 65. Fíjate en el aspecto de los ojos en condiciones normales cuando te sientas a la mesa al comienzo de la partida.

Figura 66. Los ojos entrecerrados revelan mucha incomodidad, normalmente a causa de una mano insignificante.

de haber transmitido esa información, pero, para quienes se fijan en estos comportamientos no verbales, la señal es inconfundible (figuras 65 y 66).

Algunos jugadores, además de entrecerrar los ojos, bajan las cejas después de observar algo significativo en la mesa. Mientras que arquear las cejas es una señal de mucha seguridad, bajarlas indica poca confianza; se trata de un comportamiento que señala debilidad e inseguridad (figuras 67 y 68). En ciertos estudios, los presos han informado que, cuando llegan nuevos reclusos a la cárcel, buscan esta señal en los recién llegados para averiguar quiénes son débiles e inseguros. Es también una señal a la que puedes sacar provecho para tantear la debilidad y la fuerza de tus adversarios, tanto de su juego como de las cartas que sostienen.

¿Y las pupilas dilatadas? Al igual que sucede con la contracción de la pupila, algunas personas, a veces, reforzarán este efecto y alterarán aún más el comportamiento visual. Por ejemplo, cuando a alguien le gusta lo que ve, no sólo aumentará el tamaño de sus pupilas, ¡sino también el de sus ojos! Cuando vemos algo positivo, tendemos a subir las cejas (arqueo de cejas) para agrandar los ojos al máximo, en concordancia con la dilatación de las pupilas. Además, algunas personas también arquean las órbitas oculares, lo cual ensancha los ojos todavía más y da lugar al gesto de *poner los ojos como platos*. La elevación de las cejas va acompañada de la expansión de las órbitas oculares para crear una mirada abierta, de par en par, que va asociada a los sucesos positivos.

En el póquer, tenemos un buen indicador de mucha confianza y una buena mano cuando la mirada del jugador, tras ver sus cartas, se ensancha totalmente —las órbitas oculares expandidas y las cejas arqueadas—. Los jugadores experimentados y los profesionales tratan de evitar esas señales tan espectaculares, pero, incluso para ellos, no es una tarea fácil. En el momento de euforia que se produce tras ver algo bueno, como dos ases cubiertos o la mejor jugada posible con las cartas comunitarias, los

Figura 67. Las cejas bajadas suelen aparecer cuando los jugadores tienen poca confianza.

Figura 68. Las cejas arqueadas son un buen
indicador de sentimientos positivos.

jugadores con frecuencia olvidan controlar sus emociones, y unos ojos como platos iluminan la sala. Esto debería inspirarte para diseñar la estrategia más eficaz mientras juegas tu mano.

Un discípulo de Phil se convierte en un buen *pupilo* y revela la importancia de las señales visuales

Si eres de ese tipo de personas que dicen *demuéstramelo* antes de creer en algo, te va a gustar esta anécdota sobre el poder de las señales a la hora de jugar al póquer con eficacia. Sucedió durante un torneo exclusivo en Camp Hellmuth. Estaba en la mesa con el columnista y productor del club de póquer ESPN cuando se produjo la siguiente situación: Andrew apostó con una pareja de sietes y yo igualé con dos nueves. Las cartas comunitarias fueron 8, 6, 4 de diferentes palos. Andrew subió la apuesta y yo igualé con la intención de tenderle una trampa. La cuarta carta comunitaria fue un ocho, que hacía pareja con la que ya estaba sobre la mesa. Andrew hizo otra apuesta, yo igualé y comencé a sentir la debilidad de mi oponente. La quinta carta comunitaria fue un siete, y, en esta ocasión, Andrew hizo una importante apuesta. Recordé que Joe acababa de hablar sobre cómo las pupilas de un jugador se dilatan cuando ve algo que le gusta, y miré fijamente a los ojos de Andrew. ¡No podía creérmelo! Sus ojos se dilataron mientras yo estudiaba su rostro. En aquel momento, sospeché que había perdido la mano, pero gané una magnífica oportunidad para comprobar el poder de lo que aprendían los estudiantes. Tomé el micrófono y anuncié a los participantes del seminario que, como había detectado en mi adversario una de las señales que Joe había mencionado, iba a abandonar con mis dos nueves, puesto que la dilatación de los ojos de Andrew me había convencido de que el siete en la quinta carta comunitaria hacía su mano invencible. Efectivamente, Andrew dio la vuelta a sus dos sietes para revelar un *full*.

En su columna de póquer, Andrew describió del siguiente modo su experiencia y las emociones que le acompañaron:

—Gracias, Joe —dice Phil Hellmuth al tiempo que se retira de la mano.

Yo (Andrew Feldman) estoy sentado en la silla dos de la mesa asignada, totalmente aturdido, y me pregunto qué he revelado. No me moví. No creo que actuara demasiado rápido ni que mi apuesta sobre la quinta carta fuera inadecuada. Ni siquiera parpadeé.

Hellmuth toma el micrófono y comienza a dar explicaciones a todos los miembros del torneo antes de que yo pueda recoger mis ganancias.

—Joe, esta mañana explicaste que cuando los ojos de alguien se dilatan es porque ve algo que le gusta —dice Hellmuth—. Cuando salió ese siete en la mesa, sus ojos se dilataron. Gracias, Joe.

¡Dios! Pero ¿qué te pasa, Andrew? ¡Ponte gafas de sol!

No puedo creerlo. Me levanto, grito: «Gracias, Joe» y oigo unas cuantas carcajadas.

Sí, muchas gracias, míster FBI. Me cuestas otros 900 dólares en fichas.

Hellmuth me había leído perfectamente. El siete en la última carta comunitaria, que incidentalmente se convirtió en una pupila inmensamente dilatada, me había dado un *full.*

Aunque todos los seminarios resultaron interesantes y reveladores, ninguno fue comparable a la charla de Navarro sobre cómo leer a la gente. En una palabra: asombroso. Incluso Hellmuth y Cloutier tomaron notas. ¡Ojalá no lo hubieran hecho![1]

---

1. El artículo de Andrew Feldman salió el 24 de agosto de 2005. Puede encontrarse en: http://proxy.espn.go.com/espn/poker/columns/story?columnist=feldman_andrew&id=2141913.

Capítulo 12

Comportamientos apaciguadores y señales de PÓQUER

Voy a hacerte una oferta que no podrás rechazar: te daré un millón de dólares si puedes demostrarme que nunca has experimentado *estrés* en tu vida.

¿Cómo puedo permitirme hacer esta oferta? Porque sé con certeza que nadie podrá cobrar el dinero. El estrés es un estado que todos experimentamos. Puede tener muchas causas, por ejemplo, frustraciones, problemas, exceso de trabajo, conflictos emocionales o la pérdida de un ser querido. Vivimos una época estresante, rodeados de circunstancias estresantes. La única forma de eliminar el estrés de nuestra vida es eliminar la propia vida, porque sólo en la muerte nos hallamos totalmente libres de él.

En el curso de la evolución humana, hemos desarrollado, como especie, todo un repertorio de comportamientos apaciguadores para ayudar a nuestros cuerpos a lidiar con el estrés. Son comportamientos que el cerebro necesita y que ha adoptado para calmarse cuando nos enfrentamos a situaciones estresantes, tanto internas como externas. Observamos este tipo de comportamientos en los bebés y niños pequeños cuando se chupan el pulgar o cualquier otro objeto que actúe como apaciguador. Al hacernos mayores, desarrollamos otro tipo de apaciguadores para aliviar el estrés. Es casi como si el cerebro dijera: «¡Eh, cuerpo, haz algo para tranquilizarme, cálmame!». Y cuando obedecemos, el cerebro recompensa esos comportamientos apaciguadores que logran el efecto deseado, y, de ese modo, tendemos a repetirlos en futuras situaciones estresantes.

Houston, tenemos un problema...

Si quieres conocer la fuerte relación que existe entre el estrés y los comportamientos apaciguadores, no necesitas mirar más allá del centro de control de Houston en aquel fatídico día de 1970 cuando los astronautas del *Apolo 13* anunciaron: «Houston, tenemos un problema». Si analizas los videos del personal del centro de control de la misión, verás que casi todos adoptaron algún tipo de comportamiento apaciguador. Los trabajadores se vieron de pronto enfrentados a una situación de alto estrés y sus cerebros les decían: «¡Haz algo! ¡Cálmame!». Y lo hicieron. Sabemos que tocar el cuerpo con las manos puede ser calmante, particularmente en zonas sensibles como el rostro y el cuello... y eso es exactamente lo que hicieron los ingenieros, científicos y técnicos que se encontraban en la misión de control: se masajearon el cuello, se acariciaron el rostro, se frotaron la frente y se lamieron los labios. Estos comportamientos apaciguadores no ayudaron al personal de la misión de control a resolver el problema del *Apolo 13*; sin embargo, los ayudó a calmarse mientras trabajaban para ese fin.

Cuando nos encontramos en una situación de mucho estrés, se produce un incremento de los comportamientos apaciguadores. Algunos de ellos se harán más pronunciados, como en el caso del supervisor de la misión de control, que comenzó a mascar chicle más enérgicamente cuando se descubrió el problema, o como el estudiante que fuma más cigarrillos los días que tiene exámenes en lugar de sus clases habituales.

Todo esto nos lleva al tema del póquer. El póquer está considerado un juego, y los juegos, normalmente, han sido ideados como entretenimientos, desviaciones agradables de los rigores de la vida en que los participantes se divierten con una actividad alegre. Cuando se juega al póquer con esta actitud, en tu casa, con apuestas de palillos o tal vez de algunos céntimos, no vas a ver mucho estrés en la mesa, ni, como es de esperar, demasiados comportamientos apaciguadores. No son necesarios. Sin embargo, cuando empezamos a «jugar» al póquer por cantidades importantes de dinero —particularmente los botes multimillonarios de los torneos WPT y WSOP—, veremos mucho estrés y los comportamientos apaciguadores que lo acompañan.

¿Cómo puedes tú, lector, obtener alguna ventaja de todo esto? A medida que empieces a jugar con cantidades de dinero cada vez mayores, el estrés se convertirá en un factor cada vez más significativo en la mesa, y es entonces cuando tu conocimiento sobre las señales apaciguadoras te ayudará a leer a tus oponentes. A continuación tienes algunas claves para comprender y utilizar las señales de los comportamientos apaciguadores de un modo eficaz:

1. *Necesitas reconocer los comportamientos apaciguadores cuando se producen.* Enseguida te mostraré los más comunes.
2. *Necesitas reconocer el comportamiento apaciguador base de cada oponente* cuando las cosas están tranquilas en la mesa (normalmente entre mano y mano o ya fuera de la mano). Algunos jugadores se calman a sí mismos durante todo

el tiempo que permanecen en la mesa. Otros no lo harán en absoluto, excepto cuando sus niveles de estrés se disparan significativamente. Al identificar el comportamiento base del jugador, podrás percibir cualquier aumento o cambio de intensidad en los comportamientos apaciguadores, y actuar en consecuencia.

3. *Cada vez que veas que un jugador realiza un gesto apaciguador, deberás detenerte y preguntarte: «¿Qué ha provocado eso?».* Sabes que el jugador no se siente cómodo con algo; tu trabajo es averiguar de qué se trata.

4. *Los comportamientos apaciguadores casi siempre se realizan para tranquilizarse después de un suceso estresante.* De este modo, en principio, puedes asumir que si el jugador ha adoptado un comportamiento apaciguador, ha sucedido antes algo estresante que ha provocado la aparición del gesto.

5. *Los comportamientos apaciguadores surgen con más frecuencia inmediatamente después de que se produzca algún suceso significativo en la mesa de póquer,* principalmente cuando los jugadores ven nuevas cartas o se hacen apuestas (sobre todo si son subidas importantes). Éste es el momento para observar a los jugadores y buscar los comportamientos apaciguadores que se producen.

6. *La habilidad para relacionar un comportamiento apaciguador con el desencadenante de estrés que lo ha provocado puede ayudarte a jugar con más eficacia contra tu oponente.* Por ejemplo, si el jugador A sube la apuesta de un modo significativo y el jugador B, tras presenciar esto, comienza inmediatamente a frotarse la nuca (un comportamiento apaciguador), la subida ha causado en el jugador B el estrés suficiente como para que su cerebro le pida que lo tranquilice. Esto deberá servirte como indicio de que la apuesta ha molestado al jugador B, y tal vez quieras considerar esa información para jugar tu mano. ¿Qué sugiere el comportamiento del jugador B? Probablemente que no quiere

arriesgar tanto dinero, y por eso la cuantía de la subida le ha causado estrés y ahora trata de calmarse. Una deducción muy probable es que no tiene una mano lo suficientemente fuerte como para igualar o superar la subida del jugador A, y eso es lo que ha provocado el estrés y el comportamiento apaciguador resultante.

7. *Los comportamientos apaciguadores pueden ayudarte a leer a una persona con más efectividad cuando van acompañados de otras señales.* Siempre que sea posible, trata de detectar más señales para poder valorar en conjunto las intenciones del jugador y la fuerza de su mano. Por ejemplo, si ves que aprieta los labios (una señal de poca confianza) tras ver las cartas comunitarias y después hace una fuerte apuesta, seguida de un comportamiento apaciguador (acariciarse el rostro o lamerse los labios), puedes estar más seguro de que tiene una mano débil y trata de calmarse para aliviar el estrés del farol. Otro ejemplo: si, cuando sale la cuarta carta comunitaria, ves que un jugador se distancia de la mesa (una señal de poca confianza) y después adopta un comportamiento apaciguador (se frota la frente), puedes estar relativamente seguro de que esa carta no apoya su mano.

8. *Advierte qué parte del cuerpo emplea para calmarse.* Esto es significativo, porque cuanto mayor es el estrés, más tendemos a frotarnos la cara o el cuello.

9. *Observa la intensidad (frecuencia y presión aplicada) del comportamiento apaciguador.* Si el jugador es fumador y está estresado, fumará más. Si toma chicle, mascará más rápido.

10. *Aunque no siempre es cierto, debemos sospechar que un jugador va de farol siempre que muestre un comportamiento apaciguador inmediatamente después de hacer una apuesta importante.* Un jugador de torneos que sale en televisión habitualmente tiene la costumbre de hinchar las mejillas y, después, exhalar lentamente el aire por la boca. Se trata de

un comportamiento apaciguador, y este jugador lo adopta sistemáticamente cada vez que va de farol.

11. *Recuerda que cuanto más cuantiosas sean las apuestas, mayor será el estrés. Y cuanto mayor sea el estrés, más comportamientos apaciguadores advertirás en la mesa.*

Señales de comportamientos apaciguadores que debes buscar en la mesa de póquer

¡Durante el curso de la evolución humana, han surgido ciertos comportamientos apaciguadores que nos ayudan a calmarnos tras experimentar situaciones estresantes. A continuación voy a hablar de ellos. Cuando los adviertas durante el juego, sácales partido con las directrices que acabo de presentar para leer mejor a tu oponente y aumentar tus posibilidades de ganar.

Comportamientos apaciguadores relacionados con el cuello

Tocarse el cuello o acariciarlo es uno de los comportamientos apaciguadores más frecuentes y significativos que empleamos en respuesta al estrés. Algunas personas se frotan la nuca con los dedos; otras se acarician ambos lados del cuello o tiran de la zona más carnosa de éste, debajo del mentón, por encima de la nuez. Cuando se acaricia esta zona, rica en terminaciones nerviosas, la tensión arterial se reduce, el ritmo de los latidos del corazón se ralentiza y el individuo se calma. Además, aquí el nervio vago desciende por el cuello. Como señaló un asistente de Camp Hellmuth: «Lo que pasa por el nervio vago está tranquilo en Las Vegas».

Durante décadas he observado que existen diferencias en la forma en que los hombres y las mujeres se tocan el cuello para calmarse (figuras 69 a 74). Los hombres, por lo general, realizan movimientos más firmes, agarran o rodean la parte delantera del cuello (debajo de la barbilla) con la mano y estimulan el nervio vago para tranquilizarse. A veces, se acarician ambos lados del cuello o la nuca con los dedos, o se ajustan el nudo de la corbata o el cuello de la camisa. Las mujeres actúan de un modo diferente. A veces tocan, retuercen o manipulan los collares que llevan. En muchos casos, para tranquilizarse, se cubren la *escotadura esternal* con la mano. La escotadura, a veces también denominada *hoyuelo del cuello,* es la hendidura que hay justo debajo de la nuez. Las mujeres llevan la mano a esta parte del cuello y la cubren cuando se sienten estresadas. Por ejemplo, cuando se sienten amenazadas, asustadas, incómodas... o ansiosas en la mesa de póquer.

El hecho de cubrir la escotadura esternal es una señal relativamente significativa. Puede usarse para detectar si alguien va de farol, tanto en la vida como en el póquer. Recuerdo una investigación en el FBI en la que pensamos que un peligroso fugitivo armado podía estar escondido en la casa de su madre. Un agente y yo nos dirigimos a la casa de la mujer y cuando llamamos a la

Figura 69. Tocarse la parte frontal del cuello es un indicador de incomodidad o estrés.

Figura 70. Tocarse los laterales del cuello es también un gesto apaciguador.

Figura 71. Masajearse la nuca es un claro indicador de consternación.

Figura 72. Las mujeres se cubren el hoyuelo del cuello cuando están estresadas o sienten miedo.

puerta, salió para recibirnos. Le mostramos nuestra identificación y comenzamos a hacerle una serie de preguntas. Cuando le pregunté si su hijo estaba en la casa, se llevó la mano a la escotadura esternal y dijo: «No, no está». Advertí ese gesto, y proseguimos con las preguntas. Pasados unos minutos, le pregunté: «¿Es posible que su hijo se hubiera introducido a escondidas en la casa mientras usted estaba trabajando?». Una vez más, se llevó la mano al hoyuelo del cuello y respondió: «No, de ser así, me habría dado cuenta». Ahora estaba convencido de que su hijo estaba en la casa, porque la única vez que se había llevado la mano al cuello fue cuando sugerí esa posibilidad. Para asegurarme por completo de que estaba en lo cierto, continuamos hablando con la mujer hasta que, mientras nos disponíamos a marcharnos, volví a preguntarle por última vez: «Sólo para finalizar este informe, está totalmente segura de que su hijo no está en la casa, ¿verdad?». Por tercera vez se llevó la mano al cuello mientras repetía la misma respuesta anterior. Ahora estaba seguro de que la mujer mentía.

Figura 73. Jugar con la gargantilla o el collar es una variación del gesto de llevarse la mano al hoyuelo del cuello.

Figura 74. Los hombres se ajustan el nudo de la corbata cuando están estresados o preocupados.

Tras un registro de la casa, apareció el hijo, que estaba escondido en el armario de un dormitorio.

Los hombres realizan una variante de este gesto, pero de un modo más sutil. Juegan con el nudo de la corbata o se ajustan el cuello de la camisa como si trataran de cubrirse el cuello. Sin embargo, esto no deja de ser un indicador de estrés que puede ser aprovechado por el jugador astuto que se da cuenta de que es una señal de debilidad.

Una nota interesante sobre este gesto: cuando participé en el espectáculo de Discovery Channel con Annie Duke, advertí que, cuando algo le molestaba, se cubría la escotadura esternal para tranquilizarse. Le dije: «Ten cuidado con tu reacción de tocarte el cuello, porque si yo puedo advertirla, también podrán hacerlo tus adversarios en la mesa de póquer. Sospecho que haces ese gesto cuando vas de farol, pero otros jugadores pueden descifrarlo y darse cuenta de que tienes una mano débil». Después de que identificara el comportamiento, reconoció que, efectivamente, sí se tocaba el cuello de esa forma y dijo que trataría de no volver a hacerlo. Debo decir que, desde que se lo indiqué, no he visto que lo haya vuelto a hacer.

Comportamientos apaciguadores relacionados con el rostro

Tocarse o acariciarse la cara es una respuesta humana al estrés muy frecuente. Acariciarse el rostro; frotarse la frente; tocarse, frotarse o lamerse los labios; tirarse de los lóbulos de las orejas o masajearlos con el pulgar y el índice; acariciarse la nariz; tocarse la barba, o jugar con el cabello, todos estos comportamientos sirven para calmarnos ante una situación estresante. También, algunas personas para calmarse hinchan las mejillas hasta llenarlas de aire y, después, exhalan lentamente (figuras 75 a 79).

Figura 75. Exhalar por la boca, tras haber hinchado las mejillas hasta llenarlas de aire, es un buen indicador de consternación.

Figura 76. Tocarse el rostro puede ayudar a calmar los nervios cuando estamos estresados o vamos de farol.

Comportamientos apaciguadores relacionados con los sonidos

Silbar puede ser un comportamiento apaciguador (figura 80). Algunas personas silban para tranquilizarse cuando atraviesan una zona desconocida de la ciudad, o una calle o carretera oscura y desierta. En cierta ocasión, me hallaba sentado a la mesa de póquer cuando, de repente, un jugador se puso a silbar inmediatamente después de hacer un farol. Silbaba para tranquilizarse, porque temía que lo descubriesen y perder. Y eso fue lo que sucedió. Algunos incluso hablan para calmarse en los momentos de estrés. Esto puede ser relevante si la persona se ha mantenido en silencio durante toda la sesión y, de repente, se vuelve habladora. Si esto sucede, deberás preguntarte: «¿Por qué ha empezado a hablar de repente?». Se trata de su cerebro, que le dice: «¡Tranquilízame!». Si esto ocurre inmediatamente después de que el jugador haya subido considerablemente la apuesta, debes contemplar

Figura 77. Frotarse la frente puede ayudar a calmar los nervios.

Figura 78. El gesto de tirarse de la oreja nos ayuda a calmarnos.

Figura 79. Las mujeres juegan con el cabello para tranquilizarse.

Figura 80. Silbar puede ayudarnos a calmar los nervios cuando hacemos un farol.

la posibilidad de que vaya de farol. Si sucede después de que haya visto sus cartas, pero antes de igualar o subir la apuesta, puedes sospechar que está estresado porque trata de decidir si quiere apostar. Esto nos sugiere que tiene una mano débil o mediocre.

El limpiador de piernas

Un gesto apaciguador que no siempre es fácil de detectar (porque se realiza por debajo de la mesa) es el limpiador de piernas. Sucede cuando el individuo se frota la pierna con la mano (cepillado de pantalones, como si se limpiara o se secara la mano con ellos). Algunos lo hacen una sola vez, pero con frecuencia se realiza de un modo repetitivo. Esta señal es un buen indicador de que la persona está bajo presión y, por consiguiente, merece la pena prestarle atención. Una manera de detectar este gesto es observar a cualquier adversario que coloque los brazos por debajo de la mesa. Si se está limpiando las piernas, podrás observar que,

Figura 81. El jugador frota las manos sobre las piernas para quitarse el sudor de las palmas y tranquilizarse.

Figura 82. Frotarse las piernas calma a los jugadores, especialmente cuando tienen una mala mano.

por lo general, la parte superior del brazo y el hombro se mueven al ritmo de la mano que frota la pierna (figuras 81 y 82).

El ventilador

Mediante este gesto, el individuo (normalmente un hombre) pone los dedos entre el cuello de la camisa y el cuello, y tira de la tela para separarla de la piel. Esta ventilación con frecuencia es una reacción ante el estrés y un buen indicador de que la persona no está contenta con su mano o con cualquier otro suceso significativo que tenga lugar en la mesa (figura 83).

El autoabrazo

Éste es el gesto apaciguador que Phil ha hecho famoso. Algunos individuos, cuando se enfrentan a situaciones estresantes, cruzan los brazos y se frotan los hombros con las manos para tranquilizarse (figura 84). Observar a una persona que hace este gesto tranquilizador nos recuerda al modo en que una madre abraza a un niño pequeño. Es una postura de protección. Por el contrario, si ves que alguien con los brazos cruzados se inclina hacia delante y te mira de un modo desafiante, ¡eso no es precisamente un comportamiento apaciguador!

En cierto sentido, los comportamientos apaciguadores son «elementos de apoyo» en nuestro objetivo de leer a la gente con precisión para tratar de terminar la partida con un feliz resultado. Por sí solos pueden ser de ayuda, pero su utilidad es mayor cuando van acompañados de los «elementos principales» (las señales descritas en capítulos anteriores). Es en esas circunstancias cuando los comportamientos apaciguadores pueden ayudarnos a discernir con mayor precisión y a decidir con mayor seguridad nuestro modo de actuar con nuestros adversarios en la mesa.

Figura 83. Ventilarse el cuello es un indicador muy
preciso de que la persona está en apuros.

Figura 84. El autoabrazo es un buen indicativo de estrés o preocupación.

Capítulo 13

DRAMATIZAR en la era de la dirección de la percepción

Está al acecho en las mesas de los casinos, esperando a hacer acto de aparición. Si dedicas al juego un número suficiente de horas, lo verás hacer su entrada. Hablo, por supuesto, de ese individuo apodado el *Tespis del póquer*. Este personaje interpreta literalmente las palabras de Shakespeare y cree que cuando el poeta dice: «Todo el mundo es un escenario», eso también incluye la mesa de póquer donde tú te acabas de sentar. Es ahí donde interpreta —dramatiza— para lograr uno o dos de los siguientes objetivos:

1. Muestra una personalidad agresiva para intimidarte y hacerte abandonar la mano o bien ponerte tan nervioso que tu juego resulte menos efectivo. Hace esto con miradas

agresivas, invasiones territoriales de tu espacio o comentarios incendiarios que menosprecian tu habilidad en el juego.

2. Alardea (exhibe un comportamiento llamativo, aborrecible, agresivo, insultante y grosero) para ganar la atención de los medios, un mayor reconocimiento y, con suerte, acuerdos de respaldos lucrativos. Este comportamiento tiene un origen relativamente reciente, y ha aumentado con las partidas de póquer televisadas, donde los berrinches de los jugadores provocadores pueden aumentar los índices de audiencia y su propia fama al mismo tiempo. Lamentablemente, a veces puedes quedarte atrapado en la línea de fuego con sus intentos de captar la atención de la cámara.

Lo mejor que podemos hacer es ignorar a esos jugadores que dramatizan. En caso contrario, parafraseando lo que Clint Eastwood solía decir, les vas a alegrar el día. Como señalé en el capítulo 2, dejarse atrapar en un combate de testosterona sólo irá en detrimento de tu habilidad para jugar de un modo razonable y bien fundamentado.

Aunque no hay nada ilegal en dramatizar y alardear, creo que ambas actitudes muestran una falta de respeto por el juego, y yo, personalmente, no recomiendo adoptar ese tipo de comportamiento. Por otra parte, actuar —sin el tosco matiz de la chulería— es un aspecto legítimo y profundamente arraigado del póquer que los jugadores utilizan para derrotar a sus adversarios y ganar más dinero en la mesa. En el FBI, llamamos a este tipo de arte teatral *dirección de la percepción*.

Dirección de la percepción

La dirección de la percepción es un proceso mediante el cual un individuo elabora una imagen de sí mismo que redundará en su beneficio si los demás la creen auténtica. La imagen no tiene que ser real; de hecho, en muchas ocasiones (especialmente si se trabaja como agente secreto) dirigir la percepción implica crearse una imagen de uno mismo que contradice totalmente la realidad (piensa en un agente secreto antidrogas). De hecho, el agente del FBI, a través de la dirección de la percepción, va de farol. Finge ser algo que no es... y espera salirse con la suya para poder ganarse la confianza de *los malos*, y finalmente arrestarlos y enviarlos a prisión.

En la mesa de póquer, dirigimos la percepción para hacer creer a nuestros adversarios algo que no es verdad. Si estás nervioso, pareces estar calmado, tranquilo y sosegado. Si tienes dificultades con algo, parece como si no te importara. *Quieres hacer creer a tus adversarios lo que tú deseas que crean, y para ello te comportas de una manera que los convencerá para que actúen según tus deseos.*

Considera la dirección de la percepción en relación a los faroles. Muchos jugadores —incluso los *amateurs*— tratarán de convencerte de que sus cartas son fuertes cuando, de hecho, son débiles, y que son débiles cuando, en realidad, son fuertes. Por ejemplo, un jugador, para marcarse un farol, podrá fruncir el ceño y parecer desanimado cuando tiene una mano excelente, o, por el contrario, exhibir una sonrisa de confianza cuando en su mano no hay más que sueños.

Para el jugador entrenado en observar estas señales, un adversario que no tiene experiencia en fingir resulta totalmente evidente. Las señales de engaño se reconocen de inmediato porque resultan exageradas y poco naturales. El comportamiento es tan forzado que parece artificial: no fluye de un modo natural y el «actor» mantiene su «pose» durante demasiado tiempo. Además, su comportamiento resulta transparente porque parece desmesurado, demasiado escandaloso para que lo tomen en serio. El aspirante a ir de farol suele emprender acciones que están en los extremos opuestos del comportamiento: tanto se muestra repentinamente amigable con su adversario como comienza a mirarlo agresivamente para intimidarlo; tanto se muestra indiferente como se pone a hablar en exceso y muestra un entusiasmo poco común. De hecho, muchos individuos que fingen señales de confianza exhiben más euforia que actitud de cálculo. En otras palabras, su entusiasmo no verbal es mayor que su disposición a apostar. Proclaman que tienen una mano excelente pero no hacen una apuesta que esté a la altura de sus palabras. De modo que, cuando la euforia va por delante de la inversión en el bote, deberías detenerte un momento y preguntarte por qué es así. Esos individuos tienen cierta tendencia a convencer (con exagerados énfasis) en lugar de transmitir (de un modo simple, no repetitivo) información: harán múltiples esfuerzos para tratar de persuadirte de que tienen una buena o una mala mano. En todos estos casos, para el observador entrenado, la mala interpretación del *Tespis del póquer* ofrece más indicios que si no actuara en absoluto.

Pero ¿qué sucede con la persona que practica y perfecciona sus señales para poder usarlas contra ti en una especie de psicología inversa? Siempre existe la posibilidad de que eso ocurra, aunque no es tan fácil como parece; además, existen métodos para detectar esas falsas señales. Considera los siguientes puntos:

1. Se necesita talento para realizar una falsa señal con eficacia. Esto se debe a que la persona que trata de fingir debe luchar contra su arraigada tendencia a seguir su respuesta límbica natural mientras representa la emoción contraria.
2. Un observador hábil buscará señales múltiples —o conjuntos de señales— en su oponente. Un jugador que trate de fingir una señal se delatará con un comportamiento no verbal contradictorio. Ésta es la razón por la que insisto en que las señales congruentes y de apoyo contribuyen a una mayor certeza y precisión. Las señales contradictorias deben alertarnos del posible engaño. Por ejemplo, antes de creer a un jugador que ha mostrado, a través de su rostro, indignación con sus cartas, trataría de vincular ese comportamiento a

otras señales que lo apoyen. Si no puedo encontrar ninguna, me andaría con cuidado. También me interesaría por la posición de sus pies: si veo que se hallan en posición de salida, pero la parte superior del cuerpo finge no estarlo, siempre me quedaría con lo que transmite la parte más sincera del cuerpo, que son los pies, y asumiría que va a apostar, en lugar de abandonar la mano.

3. Las señales falsas siempre parecen forzadas y poco naturales.

4. No puedes usar señales para engañar a un jugador si no sabes nada de ellas. Quienes no hayan leído este libro (y habrá muchos) no serán conscientes de las señales que hemos tratado en estas páginas y, por lo tanto, serán incapaces de utilizarlas con el propósito de engañar. Mientras tanto, seguirán siendo vulnerables, pues desconocen que emiten señales que los lectores de este libro pueden reconocer y usar en provecho propio.

5. Al observar a jugadores concretos durante un tiempo, descubrirás quiénes exhiben señales falsas y quiénes emiten señales auténticas. Cuanto más conozcas a tu contrincante, más fácil te resultará averiguar esto. Siempre existe el peligro de que, una vez que un adversario conozca una señal, pueda tratar de usarla para engañarte. Pero, en general, cuantas más señales puedas identificar y cuanto más perfecciones tus habilidades de observación, más te beneficiarás de conocer las señales de tu oponente y menos te dejarás engañar.

Fingir desinterés puede ser complicado

Fingir desinterés durante una partida de póquer es una señal que debe ser interpretada y usada con extrema precaución (figura 85). Considera la siguiente situación: en mitad de una mano, una persona desvía la mirada de la mesa para tratar de fingir desinterés. ¿Qué significa esto? Esta señal se ha utilizado

Figura 85. Desviar la mirada para fingir desinterés es una señal poco efectiva que puede observarse con frecuencia en las mesas de póquer.

tanto que, al final, los jugadores la usan por razones diametral-
mente opuestas: o bien para hacer creer a sus adversarios que
no están interesados en la mano, cuando en realidad sí lo están
(fingir debilidad cuando tienen una mano fuerte), o bien para
hacer creer a sus adversarios que sus cartas son tan buenas que
ni siquiera se plantean la posibilidad de perder el bote (fingir
fortaleza cuando son débiles). Por consiguiente, no consideraría
demasiado esta señal no verbal. No es una señal clara. Como mínimo, trataría de ver si existen algunos indicios de mucha o poca
confianza asociados a este gesto fingido de desinterés, así como
cualquier otra señal de disposición o actividades apaciguadoras.

¿Una persona que «oculta y no revela» dirige la percepción?

No realmente. Quienes tratan de ocultar sus señales adoptan una actitud pasiva; tratan de evitar emitir información. Quienes dirigen la percepción adoptan una actitud activa; tratan de
emitir información intencionadamente, pero lo hacen de una
forma orientada a manipular el pensamiento de sus adversarios.
El jugador que «oculta y no revela» intenta disimular o eliminar
las señales; el jugador que practica la dirección de la percepción
procura revelar y transmitir señales para obtener una ventaja táctica en las mesas.

La realidad de la dirección de la percepción

En la actualidad, son tan pocos los jugadores que hacen
un esfuerzo continuado por leer las señales de los demás que
no me preocuparía demasiado por la posibilidad de encontrar
individuos que usen señales intencionadamente para engañar en

la mesa de póquer. Por supuesto, es algo de lo que hay que ser consciente, pero sin obsesionarse con ello.

Por lo general, se cree que los jugadores pasan por tres etapas a medida que perfeccionan sus habilidades en el póquer. En la primera etapa, *juegan sus cartas*. Hay poca preocupación, o ninguna, sobre lo que sucede en la mesa. En la segunda, el foco de atención se amplía para incluir *las cartas que sostiene el adversario*. Durante esta fase, el jugador se hace consciente de las señales (y las utiliza) para tratar de obtener información sobre la fuerza de la mano de su adversario. En la tercera etapa, el jugador da un último paso y considera *las cartas que su oponente cree que él tiene*. En esta fase final, la dirección de la percepción adquiere cierta relevancia, y el jugador toma medidas para simular o engañar a sus adversarios sobre la fuerza de su mano.

Si ya estás versado en el comportamiento no verbal y eres capaz de leer a la gente con éxito (segunda etapa), puedes hacer un intento de dirigir la percepción (tercera etapa) mediante el uso de señales destinadas a engañar a tus adversarios. Sin embargo, antes de que logres hacerles creer que tienes una mano excelente (cuando no la tienes), necesitarás reprogramar literalmente tu sistema nervioso para invalidar las respuestas límbicas, de forma que puedas adoptar todos los comportamientos sutiles que se identifican con la confianza: espalda recta, torso inclinado en dirección a la mesa, dilatación de las aletas nasales, respiración profunda en lugar de retener el aliento, pulgares hacia arriba y brazos adecuadamente colocados sobre la mesa. Si puedes hacer todo esto de un modo que parezca auténtico, y si los demás jugadores son lo suficientemente astutos como para buscar este tipo de señales, subirás a un nivel más alto en tu ascensión hacia el estrellato en el mundo del póquer.

Sinceramente, me sentiría más que satisfecho si fueras capaz de, por un lado, ocultar y no revelar tus propias señales, y por otro, detectar señales en tus oponentes y usar esa información para aumentar tu porcentaje de victorias. Si puedes lograr estas dos metas, te convertirás en un magnífico jugador de póquer contra cualquier adversario, dondequiera que juegues.

Cómo usé la dirección de la percepción contra un experto

Joe nos dice que la dirección de la percepción es un proceso mediante el cual un individuo se crea una imagen de sí mismo que redundará en su beneficio si otros la creen auténtica. Yo trato de hacer eso con lo que llamo una *señal falsa*: un gesto, movimiento, forma de hablar o modo de poner las fichas en el bote que envíe a tus oponentes una sutil señal de que tu mano es fuerte cuando es débil o de que es débil cuando es fuerte. El momento más oportuno para usar una señal falsa es cuando hay un bote importante, un bote que merezca la pena ganar, y quieres manipular a los demás para que se involucren en él. Si usas demasiado la señal falsa, la gente podrá ver tus «señales» bajo otra luz, y la táctica se volverá ineficaz con el paso del tiempo.

Una ocasión en la que usé una señal falsa fue en un torneo de *Hold'em* de 7.000 dólares que tuvo lugar en el casino Taj Mahal, de Atlantic City, en octubre de 2002. Durante el torneo se produjo lo siguiente: con unas apuestas iniciales sobre las cartas cubiertas de entre 100 y 200 dólares, tres jugadores igualaron la apuesta, y yo opté por igualar también con mi 4-4. Con Qc-4p-2d como cartas comunitarias, pasé (hice *check*) a pesar de tener una mano casi invencible. A partir de ahí, hice una apuesta forzada (*big blind*), pasé, pasé y, después, Men Nguyen, *El maestro*, apostó fuera de turno 600 dólares. En ese momento, decidí rápidamente usar mi mejor señal falsa y subí su apuesta en 1.200 dólares. Decidí usar la señal falsa con el objetivo de engatusar a Men Nguyen y a los otros jugadores para que pusieran más fichas en el bote. Aproximadamente una hora antes, había hecho un importante farol, y cuando igualaron mi apuesta, memoricé todos los movimientos y miradas que había ejecutado durante el farol. Ahora, frente a Men, puse las fichas en el bote de la misma manera, hablé de la misma forma, me recliné en la silla igual que antes y, por último, miré directamente a Men del mismo modo que había hecho anteriormente cuando mi farol fue descubierto.

Men mordió el anzuelo e igualó mi subida de 1.200 dólares. La siguiente carta comunitaria fue 6p, de modo que las cartas descubiertas quedaron en Qc-4p-2d-6p, y decidí apostar el mismo porcentaje del bote que había apostado durante mi último farol. Aposté fuera de turno 2.500 dólares, con los mismos gestos que había fingido durante mi farol real. Men igualó los 2.500 dólares y decidí que, para finalizar, apostaría 4.000 si salía una carta aparentemente segura.

La quinta carta comunitaria, 9c, me pareció la carta más segura del mundo, así que, conforme a mi plan, aposté 4.000 dólares y mantuve intacta la misma falsa señal de gestos. Estaba a punto de rezar para que Men igualara la apuesta, cuando me di cuenta de que ¡estaba pensando en subir mi apuesta! Finalmente, se limitó a igualar mis 4.000 dólares, y yo, con un gesto de confianza, di la vuelta a mi trío de cuatros y esperé a que me entregaran el bote. Unos segundos más tarde, Men mostró sus cartas cubiertas, dos nueves, que hacían trío con la última carta comunitaria, y me quitaron el bote.

A pesar de que perdí con la última carta, había controlado el juego de Men mediante una serie de señales falsas bien ejecutadas.

Joe tiene razón cuando dice que si eres capaz de ocultar y no revelar con éxito tus propias señales, y, al mismo tiempo, puedes detectar las señales de tus oponentes y usar esa información, te convertirás en un jugador de póquer magnífico. Sin embargo, lo que sugiero es que, cuando llegues a ese nivel de destreza, tal vez quieras añadir alguna señal falsa a tu juego y ofrecerte a ti mismo un arma más para tu arsenal de vencedor.

Capítulo 14

Qué debes saber para VENCER a un profesional

Voy a describir un suceso hipotético. Si te sucediera, me gustaría que decidieras si sería un sueño que se ha cumplido o una pesadilla hecha realidad. Acabas de llegar a Las Vegas, donde anualmente se celebra el campeonato WSOP. Decides probar suerte en un pequeño torneo cuyo ganador obtiene una entrada a bajo precio para participar en el *Big One* (el campeonato mundial de 10.000 dólares). ¡Qué demonios, intentarlo sólo cuesta 250 dólares! De modo que apoquinas el dinero, te asignan un asiento aleatorio y te diriges a tu mesa. Y allí, frente a ti, hay una auténtica leyenda del póker, alguien como Phil Hellmuth, Phil Ivey, Lyle Berman, Annie Duke o Johnny Chan. Es tu primera oportunidad de comprobar tu habilidad y astucia frente a los mejores.

¿Qué decides? ¿Esta «oportunidad» es algo con lo que siempre has soñado o una pesadilla que no te deja dormir de noche? Si respondes que es un sueño que se ha cumplido, aplaudo tu coraje y fe en lo que acabas de aprender.

Si respondes que es una pesadilla que se ha hecho realidad, puedo comprenderlo —yo tampoco sé si me gustaría jugar al golf con Tiger Woods—, pero creo que puedo mitigar tus miedos y mostrarte que jugar contra profesionales no es tan duro como puede parecer. De hecho, como desconocido, tú puedes representar más una amenaza para ellos que al contrario.

De todas formas, ¿qué posibilidades tengo de jugar contra un profesional?

Muchas más de lo que te puedes imaginar. De hecho, incluyo esta sección en el libro porque creo que muchos de vosotros participaréis en torneos, tanto en Internet como en vivo, en los que también juegan profesionales. No tienen por qué ser los campeonatos de 10.000 a 25.000 dólares. Muchos profesionales juegan en torneos y campeonatos de bajo coste, y en partidas de círculo a precios razonables. (En la sala de póquer del Caesars Palace, Cyndy Violette se sentó a dos sillas del autor, y jugó al *Hold'em* con apuestas iniciales de 10 y 20 dólares.)

Si algún día te encuentras compitiendo contra un famoso jugador profesional, necesitarás adoptar la actitud mental adecuada, y, después, jugar al póquer como siempre. Bueno, casi... En verdad creo que jugar contra un profesional te ayudará a mejorar tu juego (¿quién no desea jugar lo mejor que puede contra el mejor?), lo cual, a fin de cuentas, es otra razón por la que no debes asustarte. Has de verlo como una oportunidad para aprender y ganar.

No permitas que la mística profesional provoque un error psicológico

Lo primero que necesitas hacer cuando reconozcas (o descubras) a un campeón de póquer en tu mesa es darte cuenta de que vas a sentir un temor reverencial. Es una reacción natural, nada de lo que avergonzarse. No tengas miedo de exhibir un poco de idolatría o deferencia ante esa leyenda viva.

Lo segundo que necesitas hacer es ¡sobreponerte! Una vez que las cartas estén sobre la mesa y el juego haya comenzado, tendrás que dejar de soñar, y centrarte en tus cartas. Recuerda, el póquer es el único deporte con mucho dinero en juego en el que un principiante puede jugar contra un profesional y tener posibilidades de ganar. Sucede continuamente. ¿Por qué? Porque, a corto plazo (una tarde de partidas, o incluso un torneo de cinco días) la suerte puede ponerse de tu lado, y si las cartas son buenas y tienes un día afortunado, puedes ganar. Es verdad que si te sentaras frente a un tipo como Phil Hellmuth ocho horas al día durante un año, serías un perdedor. La suerte se igualaría y prevalecería la destreza. Pero un torneo o partida de círculo que dure unas horas o unos pocos días es poco tiempo, y con poco tiempo puede suceder cualquier cosa, y eso incluye la posibilidad de llevarte el dinero y la gloria. Lamentablemente, incluso en un periodo corto de juego, eso no sucederá si tu mente no acepta que es posible. Si permites que tu admiración por un profesional desbarate tu juego, perderás, porque estarás doblemente desamparado: lucharás contra tu adversario y contra ti mismo.

El efecto del resultado en los bolos

A finales de la década de los sesenta, ciertos científicos conductistas realizaron un estudio sobre el juego de varios jugadores de bolos cuando formaban pareja con jugadores de su mismo nivel y de niveles superiores. Descubrieron lo que llegó a conocerse como el «efecto del resultado en los bolos»: en presencia de un jugador de nivel superior, un buen jugador de bolos obtiene un resultado inferior a lo que es normal en él, en una muestra de sorprendente deferencia hacia los individuos de alto nivel. Este efecto se ha reproducido en otros deportes y en el comportamiento humano en general. Si piensas en cómo tratamos a los héroes en Estados Unidos y en la reverencia que mostramos hacia ellos, creo que te harás una idea de lo que digo. (Hay quien afirma que es tanta la deferencia que mostramos hacia esos individuos que podrían quedar impunes hasta en caso de asesinato.)

Lo que quiero señalar aquí es que debes superar tu tendencia natural a sentir tanta consideración hacia un jugador de póquer que percibas superior a ti. Sí, asusta jugar contra las grandes estrellas del póquer; incluso ellos admiten haberse sentido intimidados la primera vez que estuvieron en una situación similar. Nadie comienza a jugar en la cima de la montaña del póquer. Todo jugador debe soportar el desafío de enfrentarse a adversarios reconocidos mientras escalan (con uñas y dientes) para llegar a la cumbre.

En resumen, cuando te sientes frente a una leyenda del póquer (especialmente la primera vez que lo hagas), deberás dar los siguientes pasos:

1. Concédete un momento para sentirte impresionado por tu adversario y saborear la idea de jugar contra una leyenda viva.
2. Una vez que el juego haya comenzado, no permitas que la sensación de asombro continúe. Supera tu tendencia a sentirte intimidado por tu reconocido adversario y no seas víctima del efecto del resultado en los bolos.
3. Comprende que tienes una oportunidad razonable de ganar hasta al más experto profesional cuando el tiempo de juego es corto, pues la suerte adquiere un papel más decisivo en el

resultado de la competición. Éstas serán tus condiciones de juego, y están a tu favor.

4. Utiliza el hecho de jugar contra un profesional de primera categoría para motivarte; para estimularte a llevar tu mejor juego a la mesa. Incluso si pierdes, piensa en lo bien que te sentirás si llegas a creer que, con tu juego, te has ganado el respeto de ese profesional.

5. Recuerda que no importa quién esté sentado a tu mesa; las fichas no han cambiado su valor, las cartas son las mismas, las estadísticas se mantienen iguales, la suerte todavía tiene su papel, y cualquiera puede ganar. Concéntrate en lo que sabes y juega. Hay ocho jugadores más de los que ocuparse; el profesional sólo es uno de ellos.

6. Reconoce que, cuando participas en una competición de alto nivel, tienes ciertas ventajas, que pueden aumentar tus posibilidades de ganar. A continuación, hablaré de esas ventajas.

Establecer la actitud mental adecuada para ganar a profesionales en su propio terreno

He oído decir a varios jugadores profesionales que prefieren jugar contra otros profesionales que contra *amateurs*. ¿Por qué? Porque los profesionales son *predecibles*; hay orden y razonamiento en sus movimientos, y cálculo y conocimiento en sus decisiones. Si un profesional presenta hábilmente una mano a otro profesional, se espera que ese movimiento repercuta porque el jugador contrario es lo suficientemente astuto, en relación con el póquer, para comprenderlo. Del mismo modo, si un profesional hace una importante apuesta para disminuir el número de jugadores en la competición antes de que salgan las cartas comunitarias, no espera que un adversario quiera ver la apuesta (¡o subirla!) con un 8-2 de diferente palo. En cierta ocasión, un profesional se lamentaba:

—¿De qué te sirve hacer un farol o apostar hábilmente, o incluso cambiar de estrategia, si no puedes hacer que la persona abandone la mano?

El problema es que, cuando un profesional se enfrenta a un adversario de experiencia y talento desconocidos, éste es como una especie de comodín que añade imprevisibilidad y caos al juego. En un sentido casi perverso, esto significa que el profesional teme al recién llegado porque desconoce cómo interpreta las cartas o su habilidad para detectar señales. Si contara con más tiempo, podría averiguar las fortalezas y debilidades del jugador menos experimentado, así como sus estrategias y señales. Sin embargo, advierte que dije «si contara con más tiempo». Mientras tanto, en el corto periodo de tiempo en el que tú, el jugador desconocido, te sientas a la mesa, representarás un dilema y una amenaza para los profesionales. No saben cómo juegas, ni por qué juegas del modo en que lo haces, ni la habilidad que hay en tus movimientos. Particularmente en el *Hold'em* sin límite, donde un mal movimiento le puede costar a cualquier jugador el torneo, cuentas con una ventaja impresionante sobre los profesionales, porque ellos no te conocen, pero tú a ellos sí.

Esto me lleva a sugerir que, del mismo modo que los profesionales te ven como un jugador difícil porque eres impredecible, tú deberías encontrarlos más fáciles puesto que son más predecibles. Puedes hacer movimientos estratégicos, porque, si los realizas correctamente, los profesionales los verán y responderán a ellos del modo que tú pretendes. Si tienes suerte, tal vez sepas ya algo sobre el estilo personal de juego de un profesional determinado. Quizá hayas leído alguno de sus libros o artículos en revistas, o lo hayas visto en televisión.

Doyle Brunson lamentó haber publicado su estrategia de póquer *Super/System*, porque muchos jugadores se hicieron conscientes de su juego y se aprovecharon de ello para interrumpir sus beneficios y éxitos. Bastantes jugadores de alto nivel han sido certeramente clasificados según su nivel de agresividad y estrategias de juego. En el caso de que te encuentres frente a un profesional cuyo juego haya sido analizado y conozcas esa información, contarás con una ventaja significativa durante el juego. Conoces su estilo, y él no sabe nada del tuyo. ¿Qué jugador preferirías ser?

A la hora de establecer la actitud psicológica adecuada para jugar contra profesionales, ten en cuenta los siguientes puntos:

1. Los profesionales desconocen totalmente tu juego y nivel de complejidad. Representas aleatoriedad donde el profesional desea certeza; eres un factor imprevisible que puede jugar con efectividad porque tu adversario de alto nivel tendrá dificultades para engañarte en la mano y se verá obligado a jugar más a la defensiva.

2. Tendrás una comprensión básica del juego del profesional, porque la mayoría de los jugadores de campeonatos acatan ciertas reglas de compromiso y retirada basadas en la lógica y las probabilidades matemáticas del juego. Esto te ayudará a considerar tus opciones de juego. Además, tal vez te hayan contado algo sobre ese profesional, o lo hayas leído en los medios de comunicación, y cuentes con algún conocimiento adicional sobre sus tácticas y estilo de juego. Esto te dará una gran ventaja a la hora de enfrentarte a él.

Cuando sepas con antelación contra qué profesional vas a jugar, estúdialo

Muchos jugadores se enteran de que van a enfrentarse a un profesional en el momento en que se sientan frente a él. En otras palabras, lo descubren cuando aparecen en la mesa, dispuestos para jugar. No hay avisos, ni tiempo para preparar la confrontación. En esos casos, todo lo que puedes hacer es contar con lo que ya sabes sobre ese profesional, jugar del mejor modo posible y esperar un buen resultado.

Después, hay otras situaciones en las que sabes de antemano el nombre de la estrella de póquer con la que te enfrentarás en la mesa. Esto puede ocurrir en las siguientes circunstancias: en un torneo donde los jugadores y las mesas se anuncian con antelación; durante torneos de varios días en los que, al final de cada jornada, se publica una lista con los nombres de los jugadores y las mesas asignadas para la siguiente jornada, o en partidas en metálico en las que algunos profesionales participan regularmente.

Si eres afortunado y dispones de algún tiempo antes de sentarte y jugar contra un profesional, emplea esas horas (o días) para estudiar a tu adversario. Si se trata de un prestigioso profesional que ha aparecido en la televisión, ha escrito artículos o libros sobre su estrategia –o cuya estrategia ha sido analizada y publicada–, o ha salido en Internet o en un documental, necesitas leer y estudiar todos esos recursos.

Las apariciones en torneos televisados son particularmente útiles cuando te preparas para enfrentarte a tu adversario. Usa esas grabaciones del mismo modo que un entrenador de fútbol emplea las grabaciones de los partidos del equipo contrincante: busca sus debilidades, patrones de juego, señales —cualquier cosa que te ayude a manejar mejor el comportamiento de tu adversario en la mesa y descubrir qué puedes hacer para derrotarlo—. Puesto que en las grabaciones puedes ver las cartas del jugador, te resultará más fácil descifrar sus señales y estrategia que si observaras su juego en un casino.

Tu gran ventaja, como lector de este libro, es que ahora cuentas con una guía con la que estudiar el comportamiento de los jugadores en la televisión. Al poner en práctica lo que has aprendido en estos capítulos, podrás descifrar el comportamiento de muchos jugadores, mediante las señales específicas que puedan emitir, lo cual te resultará de gran ayuda cuando te enfrentes a ellos en la mesa. Te aseguro que las señales están ahí. Como mencioné anteriormente, todos los profesionales que he estudiado en la televisión exhibieron al menos una señal que me habría ayudado a ganar dinero si hubiera estado jugando contra ellos.

He escuchado quejarse a un buen número de profesionales de primera categoría de los problemas que han tenido a raíz de salir en televisión, particularmente aquellos que lo han hecho con más frecuencia. Saben que es difícil disimular su estrategia y mantener ocultas sus señales cuando las cartas están al descubierto. Cualquier persona que sepa parar, rebobinar y volver a poner una cinta de vídeo puede estudiar su comportamiento cuantas veces quiera.

La exposición del jugador profesional televisado es una puerta abierta para examinar su juego, su estrategia y sus señales. No dejes pasar esa oportunidad de aumentar tus posibilidades de victoria cuando recibas una notificación en la que te anuncien que te sentarás a la mesa de póquer con un jugador profesional.

Disfruta del recuerdo... ¡pero no a toda costa!

En la segunda edición del Camp Hellmuth, participó un joven jugador que había trabajado durante mucho tiempo a fin de ahorrar el dinero necesario para pagar la cuota de inscripción. Se sentía entusiasmado de estar allí, y en el torneo terminó en una mesa donde se encontraba una de las principales estrellas del póquer. Hasta el momento había hecho un buen juego, pero, entonces, se desmoronó. Cuando le pregunté por lo sucedido, me contestó:

—Me entró miedo y empecé a hacer cosas estúpidas. Imagino que no estaba preparado para jugar contra un campeón.

Su comportamiento es comprensible. Existe un firme factor de asombro cuando te enfrentas cara a cara con alguien como T. J. Cloutier o John Bonetti. Puede resultar intimidante y estimulante al mismo tiempo, y si no tienes cuidado, ¡puede convertirse en un rápido ejercicio de pérdida de fichas!

Francamente, espero que tengas la oportunidad de jugar contra un campeón. Estoy seguro de que será un recuerdo que siempre conservarás. Sin embargo, no termines pagando demasiado por ese momento. Acuérdate de lo que he dicho en este capítulo: aprende todo lo que puedas sobre tu adversario. Recuerda que cuentas con una ventaja porque eres desconocido, y, por consiguiente, impredecible. Reconoce que el aura de la celebridad puede impactarte, pero que tú eres capaz de contrarrestar ese impacto si confías en tus conocimientos del juego y marcas tu propio territorio en la mesa. ¡No te acobardes con la presencia de una estrella del póquer! Siéntate con la espalda bien erguida, desenvuélvete con soltura y descubrirás que encajas sin problemas. Evita hacer contacto visual con un jugador famoso. Concéntrate en el juego y recuerda que muchos principiantes han continuado hasta llegar a ganar en las mesas finalistas contra las figuras más importantes del mundo del póquer.

De modo que ¡haz tu juego! No te sientas intimidado, ni tan extasiado que te olvides de cómo leer las cartas y a los jugadores que te rodean. Y con relación a la gente que tienes a tu alrededor: no te olvides de que es más que probable que uno de ellos, y no la estrella del póquer, se convierta en el responsable de que abandones la mesa. Así que sé consciente de que tienes que enfrentarte a ocho adversarios, no a uno sólo. Ahora, ve allí y juega como un ganador; de esa forma te sentirás como uno, sea cual sea el resultado.

Capítulo 15

¿Por quién doblan las SEÑALES?

En 1963, doblaron por tres hombres en las calles de Cleveland, Ohio. Aquel día, el detective Martin McFadden, que contaba con un bagaje profesional de treinta y nueve años, vio a dos hombres pasearse de un lado a otro frente al escaparate de una tienda. Se turnaban para mirar dentro del comercio y, después, se alejaban. Tras pasar varias veces, los dos hombres se reunieron con una tercera persona al final de la calle, y mientras hablaban no dejaron de mirar a su alrededor por encima del hombro. Preocupado por la idea de que estuvieran haciendo un reconocimiento de la tienda antes de atracarla, el detective se acercó, cacheó a uno de los sospechosos y encontró una pistola oculta. El detective McFadden arrestó a los tres hombres y, de ese modo, frustró un robo y evitó posibles pérdidas humanas.

Las detalladas observaciones del agente McFadden se convirtieron en la base de una decisión del Tribunal Supremo de Estados Unidos que sentó jurisprudencia (*Terry contra Ohio,* 1968, 392 U.S. 1). Desde 1968, este fallo ha permitido que los agentes de policía puedan detener y cachear, sin necesidad de una orden judicial, a aquellos individuos cuyos comportamientos delaten la intención de cometer un crimen. Con esta decisión, el Tribunal Supremo reconocía que ciertos comportamientos no verbales, observados y descifrados adecuadamente, pueden presagiar criminalidad. Una vez más, vemos una clara demostración de la relación que existe entre nuestros pensamientos, intenciones y comportamientos no verbales. Y lo que es más importante, se reconoce legalmente que dicha relación existe y es válida.

Dar audiencia en la mesa de póquer

Tener la intuición o la sensación de que alguien va a hacerte algo malo (robarte hasta la ropa que llevas puesta) no es prueba suficiente para el Tribunal Supremo, y tampoco debería serla para los jugadores de póquer. Uno debe poder detallar claramente lo que ha observado y explicar la relevancia de esa observación, antes de que se le permita actuar. En la actualidad, podemos hacerlo. Algunas investigaciones realizadas en las últimas décadas nos han permitido confirmar la relación que existe entre nuestros pensamientos y acciones. En el caso *Terry contra Ohio* se realizó una cuidadosa observación, los comportamientos se detallaron con claridad y el agente explicó meticulosamente el significado de cada comportamiento. Esto no se diferencia en nada a cuando observas cuidadosamente a un adversario en la mesa de póquer, identificas un comportamiento específico —el adversario pone de repente los pies en la posición de salida—, y, después, explicas su significado: un indicio de intención para emprender una acción.

En lo que se refiere a estudiar las señales de póquer, hemos pasado del ámbito de la experiencia personal a la ciencia profesional. A medida que aprendemos cada vez más sobre el cerebro y el comportamiento, mejoramos nuestra habilidad para identificar y descifrar con precisión los comportamientos no verbales, que nos permiten calcular con una certeza cada vez mayor las intenciones de una persona y la sinceridad general de sus acciones.

Lee bien a la gente, y las señales doblarán por tu adversario

Bien, has leído el libro, has aprendido toda esta información, llevas tu camisa de póquer favorita y ya estás preparado para jugar. ¿Y ahora qué?

Ahora, es el momento de ponerse en marcha y jugar con confianza. Reconoce que ahora posees una ventaja tremenda en la mesa de póquer. Tienes las herramientas más avanzadas y la estrategia científica más actual para jugar al póquer y ganar con el uso del comportamiento no verbal. Has aprendido habilidades de observación y señales científicamente probadas con las que podrás leer a la gente con éxito mientras ocultas tu propio comportamiento.

No hay nada que te impida convertirte en un mejor observador y decodificador del mundo. En poco tiempo, como ya han demostrado muchos estudiantes, cosecharás los beneficios de utilizar estas técnicas recién adquiridas. Es el momento de ir allí y divertirse mientras aplicas este nuevo conocimiento en las salas de póquer que elijas. Permite que este libro sea tu guía mientras te desarrollas como jugador en los días y años venideros.

Y hay una ventaja adicional: cuanto antes comiences a usar este nuevo conocimiento, mayor éxito experimentarás. Esto se debe a que pocas personas que han leído el libro habrán tenido tiempo para desarrollar contramedidas. Siempre habrá algunos jugadores que se convertirán en una fuente de ingresos para ti: aquellos que nunca leerán este libro, aquellos que lo leen pero no hacen el esfuerzo necesario para pasar del conocimiento a la acción y, finalmente, aquellos que usan las tácticas de este libro durante un tiempo pero vuelven a su antiguo método porque prefieren «jugar para divertirse y no tomarse el juego demasiado en serio». Estos individuos constituyen una constante fuente de nutrición en la cadena alimentaria del póquer.

Un pensamiento final

Leer a la gente con éxito —observar, descifrar y utilizar el comportamiento no verbal para predecir acciones— es una tarea que bien vale el tiempo que se invierte en ella y que recompensa ampliamente los esfuerzos que requiere. Las técnicas para leer a las personas con efectividad pueden mejorar tu calidad de vida en cualquier momento y dondequiera que interactúes con los demás. Puede convertirte en ganador en este combate que llamamos la vida. Así que coloca los pies firmemente sobre el suelo, presta atención a todas esas señales importantes, entra en el juego y... *¡léelos y desplúmalos!*

Algunos pensamientos finales de Phil

Has leído un libro que te ayudará en la mesa de póquer, especialmente si eres *amateur*. Esto se debe a que jugarás contra otros *amateurs* que no sabrán disimular y desconocerán qué señales tienen que buscar. Simplemente no conocen las importantes señales que Joe presenta en este libro, señales que me han parecido increíblemente precisas. Y lo que es más, probablemente no dediquen el tiempo necesario a aprenderlas en un futuro.

¿Y qué sucede con los profesionales y aspirantes a profesionales? El libro de Joe, por la gran información que revela, será una lectura obligatoria para cualquier jugador serio. Puedo garantizarte que todos los profesionales correrán a comprarlo, porque reconocerán que aprender lo que tiene que decirles puede hacerles ganar dinero, y no aprenderlo puede causar serios daños a su economía. La reputación de Joe en el mundo del póquer ya es reconocida, y cada vez que aparece, los jugadores invierten gustosamente su tiempo y dinero para recibir alguno de sus consejos y estrategias de juego. Los conocimientos de Joe han cambiado para siempre el paisaje del mundo del póquer, y si no te familiarizas con este nuevo terreno, no llegarás a ningún destino económicamente rentable.

Además, las aplicaciones de lo que has aprendido en *Léelos y desplúmalos* van más allá de la mesa de póquer. En mi caso, al aprender a centrarme en las señales descritas en este libro, me he ahorrado un dineral y he hecho una fortuna «leyendo» con precisión a la gente en los negocios. Cuando alguien llega a mí con una propuesta de negocio, utilizo mis conocimientos sobre señales para saber si la persona siente que su propuesta es «fuerte» o «débil», tanto si me parece razonable como exagerada. Las señales me ayudan a valorar si quien me ofrece el trato es fiable, entregado y bien dispuesto a trabajar en el proyecto, o, por el contrario, enrevesado, poco honrado y demasiado perezoso. Puedo saber si cree verdaderamente en el proyecto. Y tú también puedes hacerlo.

Asimismo, el uso de las señales puede ser muy útil en las relaciones interpersonales. Si un agente con una larga experiencia en el FBI te ha revelado los conocimientos sobre comportamientos verbales que utiliza para atrapar a expertos espías, es más que probable que tú puedas usar esos mismos métodos para saber si tu amigo, esposa o hijo miente o dice la verdad.

Sal y usa la información que has aprendido en este libro. Empléala en la mesa de póquer, en la mesa de tu trabajo y en la mesa del comedor. Estoy convencido de que vas a experimentar un cambio significativo en los niveles de éxito que vas a lograr. ¡Apuesto a que podrás «señalar» cuál es la diferencia!

Bibliografía

BIRDWHISTELL, Ray L., *Kinesics and Context: Essays on Body-Motion Communication*, Filadelfia: Penguin, 1971.

BUCK, R., *The communication of Emotion*, Nueva York: Guilford Press, 1994.

BURGOON, Judee K., David B. BULLER y W. Gill WOODALL, *Nonverbal Communications: The Unspoken Dialogue*, Columbus, Ohio: Greyden Press, 1994.

CANTER, David y LAURENCE, Alison, *Interviewing and Deception*, Dartmouth, Iglaterra: Ashgate, 1998.

CARTER, Rita, *Mapping the Mind*, Los Ángeles: University of California Press, 1998.

CIALDINI, Robert B., *Influence: The psychology of Persuasion*, Nueva York: William Morrow, 1993.

CLARK, Sherrie y MOCK, Alan, «Tampa Bay's Spycatcher», *Imago* 4, no. 4 (2004): 16-21.

COLLECT, Peter, *The book of Tells: From the Bedroom to the Board-room — How to read other people,* Ontario: HarperCollins, 2003.

DAVIS, Ann, PEREIRA, Joseph y BULKELEY, William, «Security Concerns Bring Focus on Translating Body Language», *Wall Street Journal,* 15 de agosto de 2002.

DE BECKER, Gavin, *The gift of fear,* Nueva York: Dell, 1997.

DIMITRIUS, Jo-Ellan y Mark MAZZARELA, *Put Your Best Foot Forward: Make a Great Impression by Taking Control of How Others See You,* Nueva York: Fireside, 2002.

—, *Reading People,* Nueva York: Ballantine, 1998.

DUKE, Annie, «Annie vs. the FBI». *Bluff,* abril-mayo de 2005, 20.

EKMAN, Paul, *Emotions Revealed: Recognizing Faces and Feelings to Improve Communication and Emotional Life,* Nueva York: Times Books, 2003.

—, *Telling Lies, Clues to Deceit in the Marketplace, Politics and Marriages,* Nueva York: W.W. Norton, 1985.

FELDMAN, Andrew, «Navarro Steals the Show at CH2», ESPN.com, 24 de febrero de 2006.

FORD, Charles V., *Lies! Lies! Lies! The psychology of Deceit,* Washington D.C.: American Psychiatric Press, 1996.

GIVENS, David G., *The Nonverbal Dictionary of Gestures, Signs and Body Language Cues,* Spokane: Center for Nonverbal Studies (http://members.aol.com/nonverbal2/diction1.htm), 1998-2000.

GOLEMAN, Daniel, *Inteligencia Emocional*: Kairós, 1996.

GUERRERO, Laura, DeVITO, Joseph A. y HECHT, Michael L., *The Nonverbal Communication Reader: Classic and Contemporary Readings,* Long Grove, Illinois: Waveland Press, 1999.

HALL, Edward T., *The Silent Language,* Nueva York: Doubleday, 1959.

HARPER, Robert G., WIENS, Arthur N. y MATARAZZO, Joseph D., *Nonverbal Communications: The State of the Art:* Nueva York: JohnWiley & Sons, 1978.

HARRISON, Randall P., *Beyond Words: An introduction to Nonverbal Communication,* Englewood Cliffs, N.J.: Prentice-Hall, 1974.

HELLMUTH, Phil, «A Happy Outcome at Camp Hellmuth». *Card Player*, 19, no. 7, 2006.

KNAPP, Mark L. y HALL, Judith A., *Nonverbal Communication in Human Interaction,* Nueva York: Harcourt Brace Jovanovich, 2002.

LEROUX, Joseph E., *The Emotional Brain: The Mysterious Underpinnings of Emotional Life,* Nueva York: Touchstone, 1996.

MACLEAN, Paul, *The Triune Brain in Evolution: Role in Paleocerebral Functions,* Nueva York: Plenum, 1990.

MORRIS, Desmond, *Bodytalk: The Meaning of Human Gestures*, Nueva York: Crown, 1994.

—, *Body Watching,* Nueva York: Crown, 1985.

—, *Man Watching,* Nueva York: Crown, 1980.

—, *Manwatching: A Field Guide to Human Behavior,* Nueva York: Harry N. Abrams, 1977.

—, *Intimate Behavior,* Nueva York: Random House, 1971.

—, *Gestures,* Nueva York: Scarborough, 1994.

MORRISON, Terri y CONAWAY, Wayne A., *Kiss Bow, or Shake Hands: How to Do Business in Sixty Countries,* Holbrook, Mass.: Adams Media Corporation, 1994.

MURPHY, Dave, «Reading Body Language Can Help Unmask a Bluffer». *San Francisco Chronicle,* 24 de septiembre de 2005.

NAVARRO, Joe, Interview. *Bluff,* enero de 2006, 40-41.

—, «Your Stage Presence: Nonverbal Communication». *Successful Trial Strategies for Prosecutors,* ed. Candace M. Mosley, 13-19, Columbia, S.C.: National College of District Attorneys, 2005.

—, «Testifying in the Theater of the Courtroom». *FBI Law Enforcement Bulletin,* septiembre de 2004: 26-30.

—, «A Four Domain Model of Detecting Deception». *FBI Law Enforcement Bulletin,* junio de 2003: 19-24.

—, SCHAFER, John R., «Universal Principles of Criminal Behavior: A Tool for Analyzing Criminal Intent». *FBI Law Enforcement Bulletin,* enero de 2003: 22-24.

—, «Detecting Deception». *FBI Law Enforcement Bulletin,* julio de 2001: 9-13.

SCHAFER, John R. y NAVARRO, Joe, *Advanced Interviewing Techniques,* Springfield, Ill.: Charles C. Thomas, 2004.

STEERE, David A., *Bodily Expressions in Psychotherapy,* Nueva York: Brunner/Mazel, 1982.

VRIJ, Aldert, *Detecting Lies and Deceit: The Psychology of Lying and the Implications for Professional Practice,* Chichester, Inglaterra: John Wiley & Sons, 2000.

—, «Lie Expert's Beliefs about Nonverbal Indicators of Deception». *Journal of Nonverbal Behavior* 20, 1996: 65-80.

—, EDWARD, Katherine, ROBERTS, Kim P. y BULL, Ray, «Detecting Deception via Analysis of Verbal and Nonverbal Behavior». *Journal of Nonverbal Behavior*, 24, 2000: 239-263.

ZUNIN, L. y ZUNIN, N., *Contact: The First Four Minutes,* Nueva York: Ballantine, 1972.

Índice